〈東京大学の名物ゼミ〉

人の気持ちがわかるリーダーになるための教室

大岸良恵

〈東京大学の名物ゼミ〉

人の気持ちがわかるリーダーになるための教室

まえがき

この本を手に取ってくださり、ありがとうございます。本のタイトルで云う『人の気持ちのわかるリーダー』というのは、情のあるリーダーということです。この本は、読書を通じて「知・情・意」の「情」を磨き、「情のあるリーダー」になるための方法を紹介しています。ここで紹介されている本を読み、考え、エクササイズをして、読者のみなさんも「情のあるリーダー」の仲間入りをしていただければ嬉しいです。

わたしは、外資系経営／人事コンサルタントを経て、強みを活かしたマネジメント研修をしています。30代半ばの社員のうち、これからマネジメント層に上がろうとする意欲のある人たちが主な対象です。

最近、こうしたリーダー候補の社員たちから、学歴は立派だけれど部下がついてこないためにマネジャーに選ばれない、選ばれても部下がついてこない、という話をよく聞くようになりました。いまの若手はミレニアル世代です。上からの号令ひとつで動く世代ではありません。何が足りないのでしょうか？

文豪、夏目漱石が「精神作用には、知・情・意の三つがある」と書いていますが、人がついてこない理由の一つはリーダーにこの「知・情・意」のバランスがとれていないからでしょう。

日本刀は、性質の異なる鉄を組み合わせて鍛えるそうです。たとえば「本三枚」の場合、硬い「刃鉄《はがね》」「皮鉄《かわがね》」そしてその間に入れる「芯鉄《しんがね》」のそれぞれを鍛え、重ね、また鍛える。芯鉄は柔らかい鉄ですが、この芯鉄があるからこそ日本刀は、折れず曲がらずよく切れる刀となるのだそうです。硬い金属だけだと折れやすいんですね。人間も、頭がよいだけではなく、「知・情・意」を高いレベルで併せ持ってこそ、強いリーダーシップを発揮できるということでしょう。

「知」は知識や知恵。「意」強い意志と意欲、そして自律と自立。では、「情」とは何でしょうか？　「情」とはただやさしい思いやりではありません。他人の気持ちをわかろうとすることです。ひよこが寒かろうと思って、お湯を飲ませてしまうような間違った親切ではありません。寒いと思っているのは自分であって、ひよこではないのです。間違った忖度のあり方も気になります。では、本物の「情」を磨くにはどうしたらよいでしょうか。

わたしは小さい頃から本が好きで、ひまさえあれば図書館にいました。本の中には、あらゆるタイプの人間が息づき、嘆き、微笑み、人間というものの理解を深めてくれました。人間の弱さや不条理、意志の強さ、参考にすべき生き方を本から学んできたのです。

若い社会人たちと読書会を始めてみたところ、彼らがいままでこんなふうに本を読んだこともなく、考えたこともなかった、誰も教えてくれなかったと言うのを聞いて、学生のときからもっとたくさんの本を読み、考えてほしいと思いました。そこで十年前に母校の東大でゼミを始めたのです。「栴檀《せんだん》は双葉より芳し」から『栴檀ゼミ』と名づけました。若い双葉のうちから人間力を鍛え、高いレベルの「知・情・意」をもったリーダーを目指すためのゼミです（ゼミの詳細については、あとがきも併せてご覧ください）。この本はゼミの内容をそのまま再現した章立てになっています。

人を一軒の家にたとえてみましょう。「知・情・意」を磨くということは、より広い空間のある、しっかりとした骨組みの家になろうとすることを意味します。

「知」は屋根です。広くてどっしりと厚みがあるほうがいい。深い専門知に加え、その周辺にも知見を広げた大きな「T」字型の知がいいですね。

「意」は屋根を支える軸や土台です。自分の軸がぶれずにまっすぐと立ってほしい。意志

梅檀ゼミの狙い

広くて、しっかりとした家（自分）に、豊かな教養を併せ持てる
→情のあるリーダーの素養

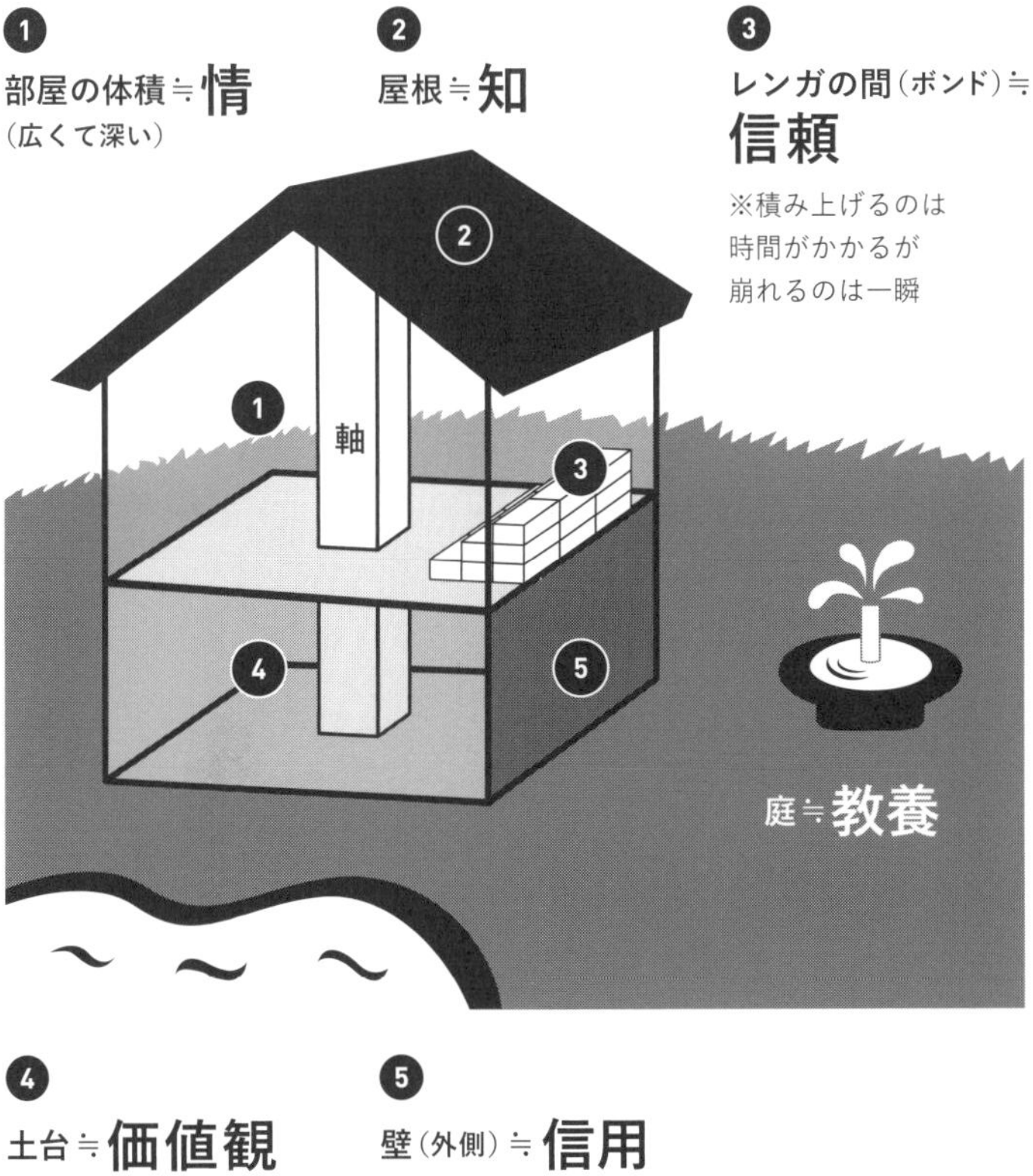

や信念を口で言うだけではなく、意図が行動にあらわれてこそ意志がある人と言えます。「情」は、「知」と「意」に囲まれた部屋の空間です。より広くて天井も高いと居心地がいいですよね。人間も包容力のある人といるほうが心地いいものです。

もう少し家のたとえを広げてみましょう。外壁のレンガは「信頼」です。レンガを積み上げるのには時間がかかるように、信頼を積み上げるのも時間がかかります。そして崩れるのは一瞬です。庭は「教養」です。さまざまなジャンルの教養を身につけて広い庭にしましょう。庭に池や噴水や石灯籠などさまざまなものがあると、さまざまな文化・国籍の人にも親しんでもらうことができるでしょう。「知」ばかりで「情」と「意」が少ない家を想像してみてください。不釣合いに大きい屋根と狭い部屋。こんな家にフォロワーは入りたがりませんよね。前ページの絵のように「知・情・意」の三つとも、高いレベルになるまで磨いて、どっしりとした居心地のよい「家」になれば、フォロワーが安心して自分を預けてくれるでしょう。

よい本を読み、心の中で著者や主人公と対話をし、自分が情のあるリーダーだったらどうするかを考えること、そして実際に部下や後輩に対して実践してみることが、「情のあるリーダー」への道です。

この本の読み方

本書は、昔から読み継がれている古典や、誰でも名前を聴いたことがあるような本を活用して、情のあるリーダーになるためのものの見方、考え方を身につけていく本です。自分が情のあるリーダーだったらこの場面でどうしただろうか、と考えながら深く読んでください。ここに紹介した本だけではなく、ほかの本も手にとって同じように深く考えることに活用してください。構成はゼミでとりあげている順番になっています。本書も第1回から順に読み進めていくことをおすすめします。

課題図書

毎回課題図書があります。

概要

課題図書の簡単なあらすじです。このゼミでの読書は、読書感想文を書いたり文学を論じたりするためのものではありませんから、分量は必要最小限にとどめました。

考えてみよう

情のあるリーダーとして考えてほしい「問い」です。それらを頭に入れて、本をじっくり読んで考えてみてください。この問いに正解はありません。みなさん自身が自分なりの正解をみつけてください。「情のあるリーダー」として、実際の部下や後輩を思い浮かべながら、本を読み、考えましょう。

自分の考えはメモにすることをおすすめします。書くことで自分の考えがしっかりと定着してくるからです。この読んで考えるステップこそが情を磨くメインの作業ですから、しっかりと時間をかけてください。

ヒント

「問い」に対して筆者自身の考えを書きました。できれば「問い」に対して自分なりの答えを考えた後で読んでください。「問い」がピンとこないなというときは「ヒント」を先に読んでいただいてもかまいません。

エクササイズ　**ゼミナール**

ぜひ同じ本を読んだ人たちと話し合いましょう。同じ本を読み、同じ「問い」について考えても、自分と他人とではこんなに考えることが違うのだという、とても大切なことに気づくでしょう。自分との差異のデータが増えるほど、人間を見る目が育っていきます。「エクササイズ」を参考にして実際に行ってみてください。自分の心を見つめるためのアクティビティも紹介しています。「ゼミナール」では課題図書を読んだうえでさらに考えていただきたいテーマについて書きました。

参考図書

課題図書で考えたテーマをより深く理解するための一助となる本を挙げました。時間のあるときに併せて読んでみてください。

コラム

課題図書のテーマと関連して、筆者が大切に思っていることを書きました。

CONTENTS

第1回　課題図書

『藪の中』

芥川龍之介

概要

藪の中で、男の刺殺体が見つかりました。発見者の木樵り、男とすれちがった旅法師、盗人の多襄丸を逮捕したことのある下役人、男の姑の証言から物語が始まります。その後、現場にいた三人、犯人として逮捕された盗人の多襄丸、殺された男の妻・真砂、そして殺された男・武弘の死霊（巫女の口を通して語られる）の詳細な証言が繰り広げられますが、なんとしたことか、同じ現場にいて、同じ状況に遭遇したはずなのに、三人のストーリーがまるで異なるのです。しかも、三人とも自分が加害者であると主張します。

多襄丸によると、行為の後、生き残ったほうに連れ添いたいという妻の言葉を聞き、かつ妻の燃えるような瞳を見て、男を殺そうと思った。男と太刀を合わせ、相手を二十三合目に刺した。男を刺した後、妻が消えているのに気がついたという。

妻・真砂によると、多襄丸が去った後に、木に縛られていた夫の〝冷たい蔑みの底に、憎しみの色を見せている〟眼を見て夫を刺した。夫が蔑んだまま殺せと言ったからだと。その後自殺しようにも死にきれなくて、清水寺にこもっているという。

巫女の口を借りて殺された夫の死霊が言うには、妻が多襄丸に「どこへでも連れて行ってください」「あの人（夫のこと）を殺してください。わたしはあの人が生きていては、あなたといっしょにいられません」と叫んだ。すると多襄丸は妻を蹴り倒し、妻は逃げ出す。多襄丸も立ち去り、一人になった自分は、落ちていた小刀で自分の胸を刺した、と言う。

まさに、真相は藪の中。

同じ場所にいて同じ事件に遭遇したはずの三人のストーリーがあまりに食い違っていま

す。三人とも自分が加害者であると主張しています。真相はどうなのでしょうか。もしかしたら三人とも「わたしは殺っていない」という証言もありえます。いったい、真相とは何でしょうか？　真実は知り得るものなのでしょうか？

あなたがリーダーだとして、この三人がフォロワーだと思って読んでみてください。フォロワーが同じ現場、同じ状況に遭遇したはずなのに、その話す内容が三者三様だったら、「情のあるリーダー」はどう対処すべきでしょうか。誰が本当のことを言っているのかを突き止めようとするのがリーダーの仕事でしょうか。

リーダーは、警察官や探偵でもなく裁判官や検察官でもありません。「情のあるリーダー」にはほかにやるべきことがあります。

考えてみよう

▼真実とは何でしょう。真実とは知り得るものでしょうか
▼情のあるリーダーはこの場面でどう振る舞うでしょうか
▼自分の思い込みは他者にどういう影響を与えるでしょうか

ヒント

1 主観的フィルター

『藪の中』における客観的事実は「そこに男性の刺殺体がある」ということです。しかし、主観的事実はどうでしょう？

人は真相が知りたいというときは、事件の流れだけでなく隠された動機のほうも知りたいのです。だからこそ、当事者の告白や現場にいた人の証言を重視します。『藪の中』でも、なぜそこに男性の刺殺体があるのか、経緯と意図が知りたいと読者は思います。けれども、その場に居合わせた三人の証言はまるで違う話になっています。意図的に嘘をついているようには見えません。もしかしたら、誰もが嘘をついているつもりはないのかもしれません。誰かをかばおうとしたり、こうであったらいいなという想像が入ったりしているかもしれません。

人が話をするプロセスを分解すると、その人の「主観的フィルター」を通してストーリーが記憶され（インプット）、発言（アウトプット）されます。人が語るすべてのことは、個人の主観的フィルターを通してインプットされ、アウトプットされたものだということを理解しましょう。

主観的フィルターは、その人の価値観や行動哲学やものの考え方の傾向の違いなどによってかたちづくられます。このフィルターを通るのは自分が知っているものだけです。知らないものは見えないし、聞こえません。もしラテン語を知らないとすれば、すぐそばで、ラテン語で自分の悪口を言われたとしても気分は悪くならないでしょう。

リーダーになったら急に真相がわかるというものではありません。リーダー自身も主観的フィルターを持っています。よって、リーダーの話すことがすべて真実というわけではありません。これは「人間というもの」の制約なのです。「人間というもの」への理解が深まれば、リーダーに必要なのはフォロワーのうち誰が嘘をついたのかを探すことではなく、まずはフォロワーの発言を受け止める姿勢であることが認識できるでしょう。そうすれば、フォロワーの話をしっかりと聞きつつも、頭の中ではそれらが彼らの「主観的フィルター」を通ってきたものであることを認識できます。

日常的には、リーダーはある出来事についてフォロワー一人の発言しか聞かないことがほとんどです。そこでは語り手であるフォロワーの動機も語られませんし、関係当事者全員の話を聞いて判断する機会はないでしょう。『藪の中』では三人とも自分が殺ったと告白していますが、三人とも殺っていないという主張もありえます。さらに、その「全員クロ」と「全員シロ」の間にはいくつかのバリエーションがあります。

たった一人の話を聞いて「ふ〜ん、そうか、事件の真相はそうだったのか」と、鵜呑みにすると、かえって真実から遠ざかってしまう可能性もあります。「なるほど、あなたの（主観的フィルターを通した）話はこういうことなのですね。（でも、真相は自分の眼で確かめよう）」という意識を持ちたいものです。

2 引き出しを増やす

情とは、相手の気持ちをわかろうとする力です。人は自分のこともあまりよくわかっていないのですから、いわんや他人の気持ちをや、です。それでもわかろうとしてくれる人がいてくれるのはありがたいものです。「情のあるリーダー」は裁判官や検察官ではありません。ただ真実を突き止めようとするのではなく、フォロワーの言葉を受け止めることを最優先します。そして、できるかぎり自分の眼で見て確かめる。そして自分の眼で見たものから判断をする。そのためにも、「情のあるリーダー」を目指す人は、普段から人間というものを知るために、自分の中にある「引き出し」を増やす努力をしてほしいと思います。古典など、選び抜かれた良書を読みましょう。小説だけでなく、能、歌舞伎、演劇、落語といったものの中にも複数の「真実」を扱ったものが多くあります。自分を含めて人間には、さまざまな欠点や不完全さがあると気づくことが、「情のあるリーダー」の第一歩です。

3 自分の思い込みが自分を傷つける

自分が傷つくのは自分自身の思い込みのせいもあることに気づきましょう。「清水寺に来たれる女の懺悔」章の妻の証言に、「夫の眼の色は、少しもさっきと変わりません。やはり、冷たい蔑みの底に、憎しみの色を見せているのです」とあります。その眼を見たから夫を殺したという証言です。ですが、ちょっと待ってください。〝冷たい蔑みの底に、憎しみの色〟を見せている眼とは、どういう眼でしょうか。真っ赤で、まなじりが割けていて、ぎらっと光っているような眼でしょうか。そんなものは現実には存在しません。自分が「相手が蔑んでいるに違いない」と思い込んだからこそ、そのような目つきに見えてしまうのです。自分自身の思い込みが自分を傷つけていると言えます。

自分の心に、思い込みを入れてしまったのは、自分自身であることに気づきましょう。

意志やレジリエンス（後述）を鍛えることで、自分の心に思い込みを入れないことはできます。大事な自分の心を自分自身の意志で守ることは可能です。自分の心の扉の開け閉めは自分の手で行いましょう。

ゼミナール

付和雷同にならない

次ページの図をご覧ください。

AさんとBさんには同じような人数の友だちがいます。けれども、Bさんのほうが、情報が均質でなくバリエーション豊富ですね。なぜなら、Aさんの直接の情報源は三人だけですが、Bさんは一二人と直接つながっています。

大勢が同じ話をしていても、情報源がまったく同じということがよくあります。情のあるリーダーを目指すのであれば、自分自身で確かめる習慣をつけたいものです。情報はさまざまなソースからモレなくダブリなくとりましょう。自分で確かめもせずに付和雷同して大勢のうちの一人になることもやめましょう。情報の海に流されずに、情報の多様性を

付和雷同

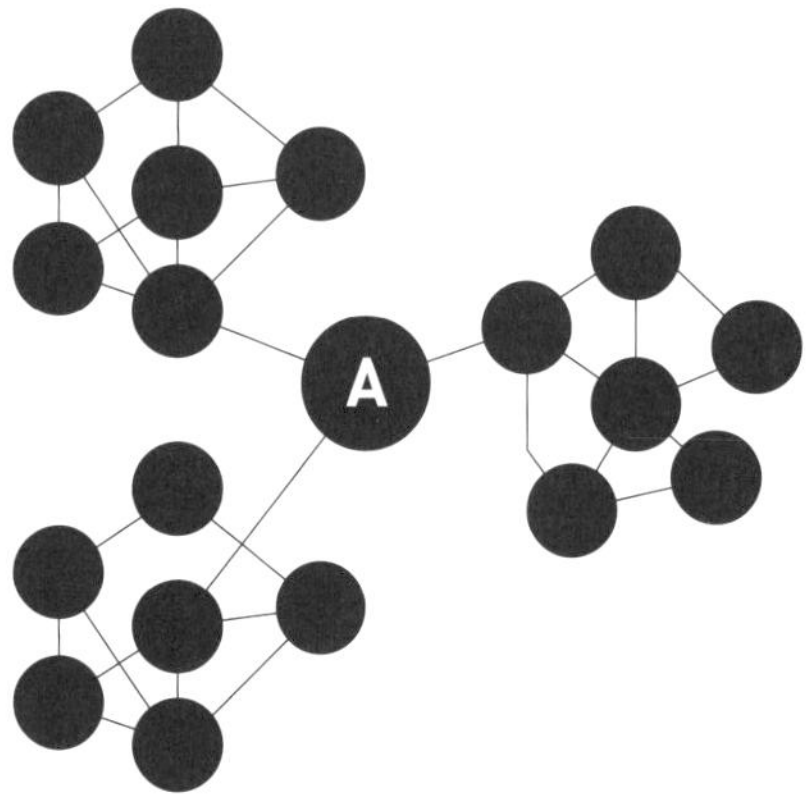

情報源が多様

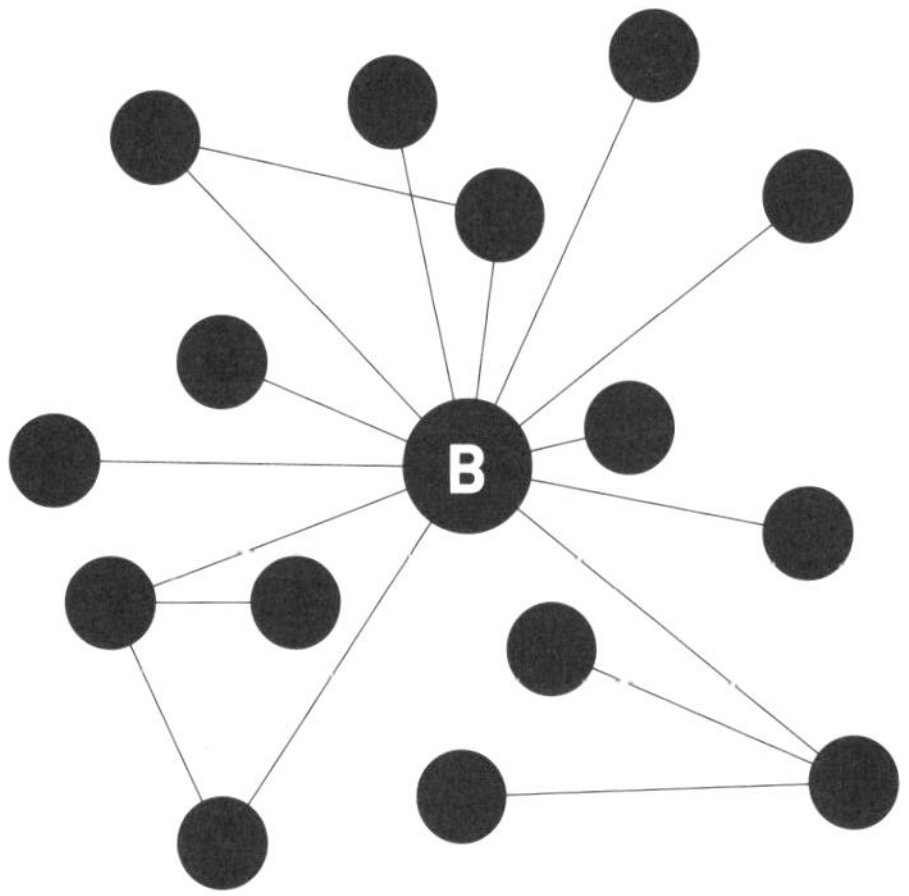

確保するには信頼できる専門家の情報源をたくさん持つことです。リーダーが率いるチームを考えても同じことです。結果の出せるチームには、さまざまなタイプの人材がそろっています。チームの人材が多様性に富んでいれば、情報もさまざまな観点から持ち込まれ、より客観性の高い真実味を帯びた情報を得られることでしょう。

人材タイプの多様性と言えば、世界最高のデザイン・ファームＩＤＥＯのトム・ケリーは、著書『イノベーションの達人！』の中で、イノベーティブな発想をするチームにするには、一人の天才を求めるのではなく、次の一〇タイプの人材をそろえることが必要だと唱えています。

人類学者　　観察する人
実験者　　プロトタイプを作成し改善点を見つける人
花粉の運び手　　異なる分野の要素を導入する人
ハードル選手　　障害物を乗り越える人
コラボレーター　　横断的な解決法を生み出す人

監督　人材を集め、調整する人
経験デザイナー　説得力のある顧客体験を提供する人
舞台装置家　最高の環境を整える人
介護人　理想的なサービスを提供する人
語り部　ブランドを培う人

イノベーションが生まれないのは、みんなと違う意見を言うやつは空気が読めないやつだと言わんばかりに、金太郎飴のように同じようなタイプの人を集めているからかもしれません。そんな文化の中では、出る杭は打たれるからと、みなが突出しないように首をすくめ右へならえをしてしまいます。そして、理解できないのは（自分ではなく）相手が悪いからだと決めつけておしまいになってしまいます。

あなたのチームに、ここに挙げた一〇タイプにあてはまるような人材はいますか？　そもそも新しい発想が生まれるような人材を意識して集めていないのに、イノベーションができないと諦めていませんか。さまざまなタイプを集めることこそが重要なのです。違う意見があって、コンセンサスをつくりあげるのに時間がかかるからこそイノベーションが生まれるのです。人にはこれだけの違うタイプがあると理解できる人は、自分と違う意見を受け入れることが容易です。情のあるリーダーを目指す人は、自分はどのタイプであるのかを考えてみてください。それがフォロワーやチームメンバー一人ひとりの違いを受け入れるための第一歩です。

イノベーションは、究極のチームスポーツと同じです。すべてのポジションにいる人が、それぞれの強みの分野で最高の仕事をすれば、イノベーションを推進する前向きの力が生まれます。スポーツであればコーチがいるように、それぞれの人の中にいる「人類学者」や「コラボレーター」を見つけ、理解し、育ててくれる信頼できるコーチが必要でしょう。それが「情のあるリーダー」の役割です。多彩なメンバー一人ひとりに寄り添い、そのタイプや役割を理解して、それぞれの強みを十分に引き出すことによって、メンバーの信頼を勝ち得ます。その信頼こそが多様なチームを一つにまとめあげるのです。

参考図書

『二番目の悪者』林 木林／庄野ナホコ

ある国に、金色のたてがみをしたライオンと、銀色のたてがみをしたライオンがいました。王様になりたい金色ライオンは、評判のよい銀色ライオンが王様に選ばれては困るので、微妙な嘘をばらまき、銀色ライオンの評判を貶めます。それを聞いた村人たちは、最初は信じませんでしたが、村人同士が集まったときに「お前も聞いたの？」「おれも聞いた」「あれ、みんなが同じ話を知っているってことは、それが真実なのか」「では、銀色ライオンは悪人だったのだな。だって、みんなが知っているんだから」となりました。誰一人として、情報の出所を確かめた人はいませんでした。確かめれば、出所はただ一つ、金色ライオンであることがわかったはずなのに。めでたく金色ライオンが王様となって、贅沢三昧をして国は結局滅びました。さて、金色ライオンだけが悪者でしょうか？

絵本であっても、読み方によっては自分を磨くとてもよい材料となります。この『二番目の悪者』は、付和雷同の罪、情報の均質性の怖さをよく伝えてくれます。嘘を言いふらし銀色ライオンを貶めた金色ライオンは一番目の悪者ですが、金色ライオンだけが悪いのでしょうか。二番目の悪者はいませんか？　あなたが村人だったら、どうするでしょう。

村人たちと同じように、噂を伝言ゲームのように聞いて〝みんな〟が言っているから真実なんだと安易に決めつけてはいませんか？

ＳＮＳでつながっている友だちは似たような情報源しか持っていないかもしれません。数は多くいても、情報源のバリエーションは少ないのかもしれません。それに気づかないまま、〝みんな〟がこぞって「いいね！」をしているからといって、その情報を安易に真実だと思っていませんか？

情のあるリーダーを目指す人は、情報の出所を面倒がらずに確認する習慣をつけておきたいものです。

コラム

What we think, we become.

イギリスのマーガレット・サッチャー元首相が好きだった言葉としても知られています。

「考えること」「考え続けていること」が、自分というものをつくる、という意味ですね。

最初から記すとこのようになります。

Watch your thoughts, for they become words.
自分の考えをよく見つめてみて。考えていることが言葉となるから
Watch your words, for they become actions.
自分が発する言葉をよく見つめてみて。言葉は行動となるから
Watch your actions, for they become habits.
自分の行動をよく見つめてみて。行動は習慣になるから
Watch your habits, for they become character.
自分の習慣をよく見つめてみて。習慣は人格をつくるから

Watch your character, for it becomes your destiny.
自分の人格をよく見つめてみて。人格が人生を左右するから

What we think, we become.
つまりは、考えていることが自分自身をつくるということです。

Thoughts
思考
↓
Words
言葉
↓
Actions
行動
↓
Habits
習慣
↓
Character
人格
↓
Destiny
運命（人生）

本を読んで、考える。考えた積み重ねがあなたをつくります。

いろいろな本を読んで、自分がリーダーだったとしたらその場面でどうするかを考えてみましょう。そして似たような現場に遭遇した際に、考えたことを実践してみましょう。失敗も経験です。適切なフィードバックをどんどん得てください。そして何が失敗の原因だったかを必ず突き止めておきましょう。

一度目の失敗は経験ですが、同じ過ちを二度してはいけません。同じような失敗でも、一度目と二度目は、天と地ほどの差があります。失敗から確実に学び、次は同じ間違いをしないように考え、行動する習慣を身につけましょう。

この積み重ねによって「知・情・意」が磨かれていくのです。

第2回　課題図書

『夜と霧』

ヴィクトール・E・フランクル

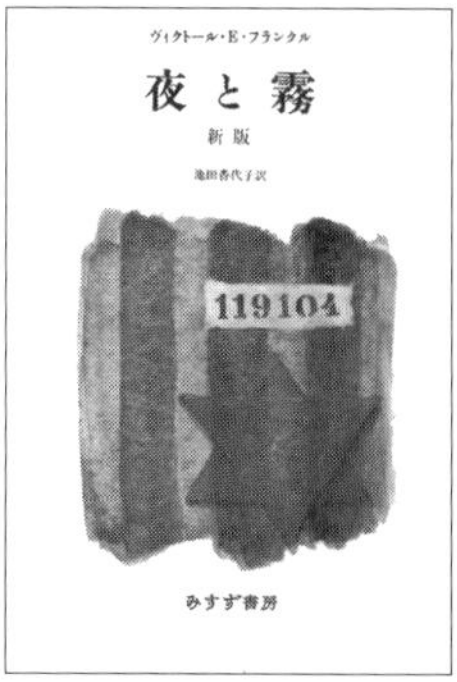

概要

ナチスの強制収容所アウシュビッツに送られ、過酷な収容所生活を生き延びたオーストリアの心理学者、ヴィクトール・E・フランクルの体験記録として世界的に有名な本です。ただユダヤ人であるというだけで、彼の両親、美しい妻、二人の子どもたちともども捕えられ、彼一人が生き残ります。強制収容所の生き地獄の中で、なお希望を失わずに生き続けられたのはなぜか。「生かされている」ということに気づいた人の強さをこの書は伝えてくれます。

「人間とは何か？
人間とはなにかを常に決定する存在だ。人間とは、ガス室を発明した存在だ。しかし、同時に、ガス室に入っても毅然として祈りの言葉を口にする存在でもあるのだ」

「生きるとは？
生きることの問いに正しく答える義務、生きることが各人に課す課題を果たす義務、時々刻々の要請を充たす義務を、引き受けることにほかならない」

人生にはままならないことも多く、誰もがストレスや不条理と無縁ではいられません。この本にはたくさんの囚人が描かれています。人生の不条理はアウシュビッツに比べようもありませんが、それでもつらい思いをした際に、自分がどのような態度をとるのかを考えておくのは有益です。あなたが囚人だとしたら、どんな囚人を選びますか。

すみっこで丸まって、ひきこもってしまう囚人
権力にすり寄り、少しでも自分の得になるように励む囚人
自分の少ないパンを他人と分け合う囚人
絶望から発狂する囚人
努力して何になる、と何もしないで日々人生を消費する囚人
プロ意識から周りの分析をし続ける囚人
現状を変えようと権力にたてつく囚人

「生かされている」自分を大切にして、最後の瞬間まで自分の使命を果たそうとする努力を続けたいものです。

フランクルは、このほかにも多くの著作を残していますが、そのうちの一冊のタイトルは、『それでも人生にイエスと言う』です。死と絶望と隣り合わせの極限の体験を経た人が、それでも「イエスと言う」強さはどこから来るのでしょうか。

考えてみよう

▼人間の尊厳とは何でしょうか。どうやって守るべきものでしょうか

▼リーダーは人間を管理・コントロールするべきでしょうか。そうしないで同じ結果をもたらすことはできないでしょうか

▼加害者側になりそうな場合に自分ならどうしますか

ヒント

1「諦め病」の蔓延

人間の尊厳を守ること。人格を尊重すること。言葉で言うのは簡単ですが、具体的にどうしたらよいのでしょう。逆に考えてみて、自分が尊厳を傷つけられたと感じるのはどういうときでしょうか。生きる望みを断つほどの深い絶望に陥るのはどういう状況であるか、考えてみてください。

第二次大戦中、最も捕虜が多く死んだ収容所では、捕虜が抵抗するのをやめ、なされる

がままの無気力状態、いわゆる「諦め病（マラズマス）」が蔓延したそうです。怒りの感情や愛情もなくなってしまった。捕虜同士の「情」が死んでしまったのです。そこでは捕虜同士の密告を奨励していました。人間として扱わないだけではなく、心の支えにしていた捕虜同士の信頼をことごとく壊したのです。

裏切りによって連帯感が失われ、捕虜たちは精神的に孤立していきました。その冷たい空気の中で多くの捕虜が生きる望みを断ってしまったのです。その人の生きる望みを大切にすることが尊厳を守る基本ではないでしょうか。人は仲間を信じたい生き物です。信頼の根っこにあるのが「情」です。人は、信頼、尊敬、思いやり、安定、希望といったものを求めます。それを与えることができるのが情のあるリーダーです。

2 効率か、効果か

二〇世紀は効率的（efficient）であることを追求する時代でした。工場などの生産現場だけではなく、あらゆるところに管理・コントロールの思想が入り込みました。

「時間がないからとにかく急いで！」「決まった手順に従うように！」「何も考えなくていいから言われたとおりにして！」

単純労働の場合には、フォロワー一人ひとりの個性や強みやタイプを無視して、一律に同じ扱いをするほうが簡単なのかもしれませんが、扱われる側から見れば自分自身の個性を無視された扱いに等しいのです。そこには一人ひとりを大事にした信頼関係はなく、取り替えのきくパーツのような関心しかありません。その積み重ねが企業におけるエンゲージメントの低さにつながってきました。愛の反対は無関心です。無関心な職場ほどエンゲージメントが低いという調査もあります。ましてや二一世紀は高度な知識労働の時代です。従来と違ったやり方や新しいイノベーションが必須となった時代ですから、効率性ではなくて、効果がある（effective）かどうかを目指すことが必要です。ドラッカーの章で詳述しますが、effectiveであることを極めるには、「いま、自分は何をすべきか」を一人ひとりが考えなくてはなりません。

情のあるリーダーを目指す人は、フォロワーを管理・コントロールするのではなく、フォロワー一人ひとりの人格に関心を向け、強みを大切にし、「いま、自分は何をするべきなのか？」を考えさせ、信頼関係を築き、チーム全体の成果をあげられる人です。

3 分け隔てなく、えこひいきせず

こういう本を読むとついつい自分が被害者である主人公に同調してしまいます。リーダーを目指す人は、そこで終わるのではなく、自分が加害者の立場になってしまったらどうするかも考えておきましょう。

信頼されるリーダーは、評論家のような態度をとったり、第三者的な批判をしたりはしません。「アウシュビッツはナチスによる犯罪だ、以上」で思考を止めないようにしましょう。自分の言動が思いがけず他人を傷つけ、苦しめてしまうこともあるのが人間というものです。日常生活の中で思いがけず、加害者的立場に立ってしまうこともあるかもしれません。フランクルが指摘しているように、「ガス室に送られるのも人間」であれば、「ガス室を発明するのもまた人間」なのです。

加害者側に立ちたくなければ、自分の「意」を普段から鍛えておきましょう。自分の言動を厳しく客観的に見る目を持つことです。フォロワーを諦め病にしないためにも、フォロワーの尊厳を大切にし、彼らの言うことにきちんと耳を傾けることが大切です。どうしても加害者側に与してしまう状況なら、自分のできる範囲で相手の尊厳を大切に扱うにはどうしたらよいかを考える。打つ手はあるはずです。分け隔てなく、えこひいきせず食料を配ってくれた厨房係、「被収容者F」の列に並ぶことが、囚人に積極的な喜びを与えたように。

人間は、希望を失うと病気への抵抗力までも失ってしまう生き物です。だから希望は持ち続けたい。ただ、希望の拠り所を、自分のコントロールが及ばない「外」の事柄に預けてはいけません。なまじ信じるからこそ、裏切られたときのダメージが大きくなってしまうのだと理解して、自分のコントロールの及ぶところに信じる基盤を持ちましょう。

囚人たちの中には、自分の「外」に自分の幸せを預けてしまう人たちがいました。クリスマスには家に帰れるという、ありきたりの素朴な希望にすがっていた人たちは、クリスマスの季節が近づいても一向に改善しないので、落胆と失望にうちひしがれ、体の抵抗力が急速に低下し、大量死をまねきました。

自分の「外」のことは、自分ではコントロールできません。コントロールできないものでなく、自分でコントロールできるものを杖にしましょう。情のあるリーダーを目指すのであれば、まずは人間を知り、自分自身を鍛えることからスタートです。自分自身が希望の拠り所になれる強い意志を鍛えておきたいものです。

ゼミナール

自分の知らない自分

みなさんは、どれくらい自分自身のことを知っていますか。人には、他人は知っているけれど、自分では気がついていないことがけっこうあるものです。

a「自分は知っている」そして「他人も知っている」自分（開かれた領域）
b「自分は知っている」しかし「他人は知らない」自分（隠れた領域）
c「自分は知らない」そして「他人も知らない」自分（未知の領域）
d「自分は知らない」しかし「他人は知っている」自分（〝盲点〟）

これらを「ジョハリの窓」と言います（ジョセフ・ルフトさんとハリー・インガムさんが名づけたからジョハリと言います）。

自分のことをよく知ってもらうためには、ａの部分を増やせばいいわけです。そのためには、ｂの部分、自分だけ知っている自分についての情報を開示するという方法もありますが、もっと大事なのは、ｄの部分を減らすことです。つまり、周りの人は気がついていて自分だけが気がついていない「〝盲点〟」の部分に気がつくことです。「なくて七癖」とも言われます。気がつかずに行っている癖やものの言い方や姿勢など、直す余地のあることが思いのほかあるものです。ズバリ指摘されると耳に痛いので、普通の間柄では見て見ぬふりをしていることとも言えます。

チームメンバーが信頼で結ばれていると、互いに、このジョハリの窓の内容を指摘し合うことができます。「信頼」は家の壁のレンガのようなものだと「まえがき」でお話ししましたが、それを積み上げていくのには時間がかかりま

ジョハリの窓

d ✕ 自分は知らない ○ 他人は知っている （〝盲点〟）	a ○ 自分は知っている ○ 他人も知っている （開かれた領域）
c ✕ 自分は知らない ✕ 他人も知らない （未知の領域）	b ○ 自分は知っている ✕ 他人は知らない （隠れた領域）

す。でも信頼を置ける間柄にならなければ人は自分の真の姿をなかなか見せません。耳に痛い指摘を受け止めることもできません。「ジョハリの窓」が機能するには時間がかかることを承知しておきましょう。

お互いの「〝盲点〟」を指摘し合える仲間を一人でも多く持てる人は幸せです。情のあるリーダーとフォロワーが信頼感で結ばれていて、お互いに指摘し合える関係になることを目指しましょう。

エクササイズ

ジョハリの窓

自分の長所と気づいていない短所に気づく〈エクササイズ〉です。ペアになり、まずは相手の長所を三つ見つけましょう。次に、相手の短所を一つ見つけてみてください。短所についてはゼミでは短所と呼ばずに「こうしたらもっとよくなる点」と言っていました。改善点ということです。改善点を指摘するときは、こうしたらもっとよくなるというアドバイスを必ずつけてください。本人が自覚していなかったことをズバリ指摘してもらったら、「ジョハリの窓」によって自己理解が深まったというわけです。

以下、具体的なやり方です。

❶各人が、自分の長所と短所だと自覚していることを紙に書き出します。
❷ペアになって相手の長所三つと改善点(+アドバイス)一つを書き出します。
❸ペアで情報交換します。「自分の気付いていない改善点」が見つかった場合には、ペアからのアドバイスを参考にして、どういうふうに変えたらよいかをペア同士で話し合ってみてください。
❹相手を変えて繰り返します。

梅檀ゼミでは、メンバーごとに名寄せをして渡していたことがあります。たとえば、Aさんへの「長所三つと改善点(+アドバイス)」だけをひたすら集めるのです。このコメント集を、社会人になっても宝物のように大切にしているゼミ卒業生もいました。情のあるリーダーを目指すみなさんは、自分のチームで、ぜひ名寄せをしてみてください。ちょっ

エクササイズ

自分の名前	自覚している長所	自覚している短所

メンバーの氏名	長所3つ	改善点（＋アドバイス）

と時間のかかる作業になりますが、このコメント集は、自分の知らなかった短所や弱点がわかるだけでなく「こうしたらよくなる」という仲間からのアドバイスつきなので、きっと役に立つでしょう。

エクササイズ

自己紹介ボール投げ

自己紹介は自分を売り込むとても大事な機会です。自分自身のセールスマンになったつもりで、毎回丁寧にやってみましょう。情のあるリーダーを目指す人は、自分の自己紹介を丁寧に行うだけでなく、相手の自己紹介も大切に受け止める人です。

栴檀ゼミでは、「自分の好きなもの、得意なこと、将来の夢」などを自己紹介で発表してもらいます。

それを全員が覚えます。自分も大事であり、相手も大事である、ということに想いを馳せながら。その後、円陣を組みます。その中でボールを投げ合います。

ボールを受け取ったら、「○○が好きで、○○が得意で、将来○○をしたい、Aさん!」

と覚えたことを言って、Aさんに向かってボールを投げます。ボールをキャッチしたAさんは、また別の人に、これを繰り返します。こうすれば次にAさんに会ったとき「◯◯が好きなAさん！」と声をかけることができます。わたしは外資系企業で働いていたときに研修でこのトレーニングを知りました。

自分の名前や好きなこと、得意なことまで覚えていてくれるリーダーはそういないものです。フォロワーはそれだけで嬉しくなるでしょう。その感激がリーダーへの信頼を育てていくことでしょう。アメリカのロナルド・レーガン元大統領が、ホワイトハウスの駐車場の係の人に、「おはよう、◯◯さん！　娘さんは元気かね？」と呼びかけていたのは有名です。

情のあるリーダーは、自分を大切にするように、相手のことも大切にします。フォロワーとすれ違ったときに、中身のある一声をかけられるかどうか。それは大きな違いを生みます。愛することの反対は無関心です。フォロワー一人ひとりをかけがえのない存在として遇するその行動を見て、人は信頼を寄せるのです。

第3回　課題図書

『愛するということ』

エーリッヒ・フロム

概要

『自由からの逃走』の著者として知られる社会心理学者エーリッヒ・フロム。フロムは、人は自由を望むけれど、自由であることは責任を伴い、しかも孤独に耐えることなのだと喝破しました。無責任で他人に依存しようとする人間には本当の自由はない。だから、自分の足で立って他人に依存せず責任を背負い、本物の自由な人生を生きようと主張しました。

『愛するということ』でもフロムは、凛として責任を背負い、人間本来の孤独を自分の力で克服し生きることができる人間になろうと呼びかけています。そういう人は「愛することができる人である。愛されたいと受け身で待つ人間ではなく、能動的に、強い意志を持って他者を愛し続けようとする人こそが本当に幸せになれるのだと主張しています。では、「愛すること」は身につけられるのか。フロムは、「愛すること」も技術（art）であると言います。技術ですから、理論に精通し、習練にはげみ、身につけていけばよい。さらに愛には恋愛だけではなく、さまざまな種類があることを教えてくれます。他人を愛しているふりをしながら実は自分が可愛い「愛もどき」や、自分の孤立感を他者に埋めてもらおうと依存する「未成熟な愛」からは脱却しよう。われわれが目指すべきは「成熟した愛」であるべきだとフロムは言います。

「成熟した愛」を実践することによって、他人に依存せずとも虚しい孤立感を克服できます。「ありのままの自分」をお互いに保ちながら、お互いを大事にすること。自分自身を愛し大切にし、見返りを期待せずに他人を愛すること。愛するというのは、技術であると同時に意志であるのだと気づかされる本です。

「愛においては、二人が一人になり、しかも二人であり続ける」

これは至言といえましょう。このような自立した者同士が、お互いの夢や目的を理解し支え合って歩調を並べて、ともに人生を歩めれば、こんな素敵なことはないでしょう。

フロムは、「愛されたい」と受け身で待つのではなく、「愛する」という能動的な活動を重視しました。「愛」の能動的性質には次の五つの要素があります。

❶与える
❷配慮
❸責任
❹尊敬
❺人間を知る

このうちいちばんわかりやすい行為は❶です。深く考えなくても「与える」ことはできるでしょう。でも❷〜❺は成熟した人間にしかできません。人を愛する前に、自分を成熟した人間に鍛え上げることが、自分にも、そして愛する相手にも深い幸せをもたらすのです。

考えてみよう

▼「愛」の能動的性質の五つの要素を具体的に説明してみましょう
▼「誰かを愛するというのは、激しい感情ではない。決意であり、決断であり、約束である」とフロムは言います。この言葉の意味するところを考えましょう
▼「愛する」ことが技術だとして、その習練に必要なことは何でしょうか

ヒント

1「愛」の能動的性質とは

❶与える……「愛」はなによりも与えるものです。見返りを求めるものではありません。そして、与えるのは、モノではありません。自分の中に息づいている最も大切なもの、すなわち自分の喜び、興味、理解、知識、ユーモア、悲しみなどを与えるのです。このように自分の大切なものを見返りなしに与えることによって、必ず他人の中に何かが生まれ、その生まれたものが自分に跳ね返ってきます。情けは人のためならず。与えることによっ

て、他人をも与える者に変えてしまうのです。愛とは、もう一つの愛を生む力のことだとフロムは主張します。

❷配慮……「愛」とは、愛する者の生命と成長を積極的に気にかけることです。愛すればこそ、相手の幸せを願います。願えばこそ、自分のわがままを抑えることができるのではないでしょうか。

❸責任……愛する心を持つ人は、他人からの精神的な要求に自発的に応じます。自分が愛することに対して、オーナーシップを持つということが成熟した愛と言えるでしょう。

❹尊敬……愛する人に対して、自分のためにではなく、その人自身のために、その人のやり方で、成長していってほしいと願うことが相手を尊敬しているということになります。自分が独立していなければ、他人を尊敬することはできません。

❺人間を知る……相手の立場に立ってその人を見たいと思い、そのように見ることができたときに、人は初めてその人を本当に知ることができます。

2 恋と愛の違い

一時的な激しい感情は、「恋」です。「恋に落ちる」と言いますが、英語でも、fall in

love と言います。古今東西人は同じように恋をするのでしょう。

「愛し抜く」とは言いますが、「恋し抜く」とはあまり言いません。ほかに「信じ抜く」という言葉もあります。「〜し抜く」には、強い意志がうかがえます。一時的に落ちる恋もまたよいものです。「恋」は一時的な感情のおもむくままでもよいのですが、「愛することと」には、持続的な「意志」が必要です。

ギリシャ語では「愛」を四種類にわけています。

エロス　他人と一つになりたいという強い願望、恋愛
フィリア　友人の間の信頼や結束、友愛
ストルゲー　親子兄弟間の身内的な愛
アガペー　マザー・テレサが見せたような大衆への無償の愛

エロスは、他人と一つになりたいという強い願望です。単なる性欲を指す言葉ではありません。エロス自体は誰もが持っているものですが、自分がスカスカで孤立している人は、孤立感を埋めたくて恋をしがちです。結果として二人だけの閉じた世界で排他的になり孤

立します。そのようなカップルのことを、フロムは、「二倍になった利己主義が、愛や親愛の情だと誤解されている」と言い切ります。ベクトルがお互いを向いて依存し合っている関係です。依存しているから相手が忙しくてかまってくれないと不安になって「仕事と自分とどちらが大事なの？」などと問い詰めることも出てくるでしょう。これでは長続きしません。

人は孤独なものです。ほかの誰にもあなたの孤独を癒やすことはできません。恋人でも癒せるものではないのです。自立して、自分のやりたいことに突き進むこと、そして愛されることを期待せずに他人を愛すること。お互いが自分の進む道をまっすぐ見据えながら手をつないでいる。ベクトルが同じ方向を向きながら並んでいる。それが成熟した愛の関係です。

「誰かを愛するというのは、激しい感情ではない。決意であり、決断であり、約束である」

誰かと一つになりたいという強い願望から生じた気持ちを、愛し抜くという意志をもって持続させること。たとえ熱い情熱が過ぎ去っても約束を守り続けること。これこそが本物の愛であり、こういう行為をする人こそ自由で幸せな人なのではないでしょうか。

3 自分自身を信じる

愛することは技術ですから、普通の技術を身につけるのと同じように、規律、忍耐、集中、最高の関心を必要とします。成熟した愛を持つには、一人でいられること、ナルシシズムの克服、謙虚さ、客観性、そして理性も必要です。何よりも、「自分自身を信じている者だけが、他人にたいして誠実になれる」とフロムは言います。

信念を持つには、勇気がいります。勇気とはあえて危険をおかす能力であり、苦痛や失望をも受け入れる覚悟です。

愛するということは、「愛し抜く」行為ですから、信念の行為であり、勇気がいることなのです。情のあるリーダーを目指すのであれば、他人をわかろうとする「情」の底に、強い「意」があることを理解したいものです。

エクササイズ

友情について見つめてみよう

❶あなたと友人たちとの距離感、関係を表す図を、紙に描いてみてください。友だち、親友、心の友、知り合い、見知らぬ世界の人々。あなたはどういう関係図を描きますか？　そして、ほかの人たちが描いた図と見比べてください。

ごく親しい少数の人間を「友だち」と言う人もいれば、それほど親しくはない人も含めてたくさんの人を「友だち」と認識している人もいるでしょう。そこに優劣はありませんが、同じ「友だち」という言葉を使っていても意味するところが違うのだと認識しておくことが大切です。

❷あなたにとっての「本物の友だち」「心の友」とはどういう人ですか？　「夜中の一二時に、自動車のトランクに死体を入れて持ってきて、どうしようかと言ったとき、黙って話に乗ってくれる人だ」と言ったのは、アドルフ・グッゲンビュールというユング派の分析家のお祖父さんだそうです（河合隼雄『大人の友情』より）。あなたにとってはどうでしょうか？

参考図書

『大人の友情』河合隼雄

臨床心理学者の河合隼雄が、大人の友情について考察を加えた本です。いろいろな人間関係の裏に、大人の友情が働いていることがわかります。茶飲み友だちとは何か、裏切りとは何か、男女間の友情は成立するか、境界を超える友情のあり方など、さまざまな切り口から大人の友情とは何かを考えることができます。

「友だちが欲しいと思っても、それほど簡単ではない、と言えるし、ひょこっとできるものだ、とも言える。そこには、虫や馬や、人間の力を超えたものがいろいろと働いていて、自分の意思や努力だけではどうにもならない面があるからである。とは言っても、そこに相当な努力や工夫が必要になるときがあるのも事実である。いろいろとつきあっていて、前述したように、好きなときも嫌いなときも、それを吟味していると、

『己を知る』ことと共に、友人との関係を深めてゆけるのではないだろうか。そのような深い関係の友人をひとりでも持つことは、その人にとって幸福なことと言わねばならない」

この本を読んで、このような深い関係の心の友を一人持てれば十分、とずっと思ってきました。そのおかげで、友人の数は少なくてもとても満足していました。

満足していたら、なんだか友人の数が増えていたような気がします。

第4回　課題図書

『プロフェッショナルの条件』

ピーター・F・ドラッカー

概要

肉体労働者から、知識労働者（knowledge workers）へ重心が移ってきた二一世紀。これからの時代は、人口減少もあいまって、ますます一人当たりの生産性を高めることが必須となりました。「知」のレベルが毎年毎年どんどん上がっていきます。これからの時代は、一人ひとりが、プロフェッショナルの意識を持ち、パフォーマンスを上げ、さらに自分を成長させていくセルフマネジメントができるかどうかが、勝敗の分かれ道になるとドラッカーは主張します。

そもそもの前提として、「知識」の意味が昔とは変わってきました。

一八世紀より以前は「テクネ」（技能）でした。テクネは、個人に帰属する秘伝の技であり、テクネを持つものはその秘密の保持を義務付けられました。親方が手本によって示すものであり、徒弟にならなければ手に入らなかった技ですから、汎用性はありませんでした。一八世紀以降には、テクネから「テクノロジー」（技術）へと変わります。発端はディドロらの『百科全書』で、この本は技能に関するあらゆる知識を体系的にまとめ、徒弟にならなくても技能技術者になれることを目指しました。ここから知識は、体系的にまとめられ、一度に大人数に教え訓練し身につけさせることができるものとなりました。教科書やマニュアルにより全くの素人が訓練しだいで誰でも使える汎用性の高い知識が普及しました。

二一世紀の今日、知識は「専門知識たるテクネ」となりました。成果を生むために高度に専門化した情報であり、真に意味のある資源となりました。あまりに高度であるため個人に帰属する技能でありながら、ある程度までは普遍的に教え学べる体系化された専門知識であるのが特徴です。高度な専門知識を持つ個人の力が大きくなり、高度な専門知識を持つ者と持たない者との情報格差は大きく開いてきました。

さらに、働くことの意味も変わりました。

肉体労働、単純作業の時代には、効率性の追求が業績をあげました。効率性とは「手順どおりに正しく行うこと」と同義だったのです。

高度な知識労働の場合には、効率的に行うことはもちろんですが、効果的に行うこと、すなわちいかに成果を出すかが求められます。そのためには、何が正しいことなのか、何をすべきなのかを先に考えてから行うことが重要となります。

これからの時代は、一人ひとりが自分で何をすべきかを考え行動し成果をあげるプロフェッショナルになることが求められます。「何が正しいことなのか」「いま何をなすべきなのか」を考える習慣をつけましょう。プロフェッショナルは、セルフマネジメントができる人です。セルフマネジメントに必要なことは次の三つです。

❶自らの強みを知る

❷自分の仕事の仕方を知る
❸自分の価値観を知る

タイムマネジメントや優先順位（プライオリティ）づけといったスキルも磨く必要があります。リーダーは意思決定をしなければなりません。ドラッカーは次の二点を重要視します。

❶重要な意思決定に集中すること
❷賢い（clever）決定を求めるのではなくて、健全な（sound）決定をすること

これからの時代は、知識労働者は二つの世界で働くことを理解しましょう。一つは「組織社会」であり、もう一つは「知識社会」です。

多様な専門知識を持つ人が集まり、成果を出すことが求められる時代だからこそ、「知」だけではもはやリードできないのです。「知」に加えて「情」と「意」を磨きましょう。まさに「情のあるリーダー」が求められる時代なのだと思います。

考えてみよう

▼効果的であることと効率的であることの違いを具体的に考えてみましょう
▼これからの時代、パフォーマンスをあげるにはどうしたらよいでしょうか
▼これからの時代にふさわしいリーダーとは、どういう人なのでしょうか

ヒント

1 正しいことを行う

ドラッカーは、効率的（efficient）であるということは「正しく行うことである」と定義しています。また、効果的（effective）であるということは、「正しいことを行うことである」と言っています。

つまり、効果的であるためには、物事を行う前に、何が「正しいこと」なのか、「何を成果とすべきなのか」を考える必要がある、ということです。

いまの自分は、去年の自分とは異なります。いまの自分が去年と同じことをしていてよ

いはずがありません。いまの自分に求められていることは何でしょうか。何を成果としてアウトプットすればよいのでしょうか。会社が求めるゴールと自分に対する期待値を見つめながら、いま何を優先的に行うことが「正しいこと」なのかを考えて実践しましょう。「マネジメント」という英語を「管理」と訳してしまったために、しかも日本語の管理という言葉はコントロールに近い意味であるがために、日本の管理職は管理する人、コントロールする人と認識されてきました。

二〇世紀の日本は、追いつき追い越すための競争と、戦争からの復興の過程で、企業は社員の長所や強みをまるで考えずに、根性と長時間労働で業績を上げることを優先してきました。二一世紀は、低成長と不確実性の時代です。管理職は、本来の意味である「マネジメント」に戻らなくてはいけません。社員一人ひとりを取り替えのきく捨て駒として扱うのではなく、強みを見極め、チーム全体のエンゲージメントを上げて目標を達成することが求められます。「情のあるリーダー」とは、ただやさしい人ではありません。チーム全体が何を成果とすべきなのかをしっかりと明示し、一人ひとりの役割と責任をきちんと果たさせることができる人です。

2 自分以外の人のパフォーマンスも

これからの知識労働者はセルフマネジメントができなくてはならない、とドラッカーは言います。会社が目指す目標やゴールを受けて、自分に期待されている成果を明らかにし、自分は何をもって貢献するのかを考える。強みを発揮できるような習慣づくりも必要です。みんながモーツァルトのような天才でなくてもよいのです。普通の能力でも繰り返し鍛錬することによって習慣にまで高めてしまえばいいとドラッカーは言います。

情のあるリーダーは、自分自身のパフォーマンスを高めると同時に、部下のパフォーマンスも上げなくてはなりません。そのため、部下のエンゲージメントを高めることに工夫をする必要があります。フィードバックも年次評価だけではなく、部下それぞれの強みやアウトプット計画に基づき頻繁に適切に行う必要があります。

高度な知識労働者の働き方はこれからますますフレキシブルになるでしょう。チームのメンバー一人ひとりがオーナーシップを持って仕事をすることがチームの業績アップに欠かせません。働き方がフレキシブルになり遠隔地で働く人が増えるにつれ、ベースとなる「信頼」はますます重要となるでしょう。信頼のもとになっているのは「知・情・意」が高いレベルでバランスをとっていることだと思います。

3 信念と行動の一致

これからは情報型組織の時代です。一人ひとりがセルフマネジメントを行い、「自己責任」で働くことが求められます。これら自立した人々を束ねるリーダーシップは、仕事であり、責任であり、信頼を得ることであり、それは信念と行動の一致（integrity）に支えられるものだ、とドラッカーは言います。

リーダーにはさまざまなタイプが求められます。外向型リーダーは、対外的にアピールが得意で社交的な人が向いているかもしれません。しかし、組織には内向型のリーダーも必要です。社員一人ひとりの強みを知り、その人の成長を支援し、本物の適材適所が行える求心的なリーダーです。従来のリーダー本は外向型リーダーに焦点を当てていました。いま足りないのは、人を育て伸ばすことができる内向型なリーダーではないでしょうか。

人は持って生まれた才能やセンスにより、得意な行動や不得意な行動がそれぞれ異なるものです。自分の強みをよく見極めて、外向型と内向型のいずれか得意なほうでリーダーシップを発揮してください。まだまだ伸びる余力がある人が多いです。限界を超えるような努力がもっと必要な人も多くいます。耳に痛いことを指摘するには、信頼され尊敬される関係が必要です。「情のあるリーダー」がますます求められる時代だと思います。

エクササイズ

タイムマネジメント

ドラッカーは、「知的労働においては、時間の活用と、時間の浪費のちがいは、成果と業績に直接あらわれる」と言います。

従来の効率性は、単位時間当たりにどれだけたくさんの量をつくるかが求められました。これからの時代は、単位時間当たりに、どれだけ価値あるものを生み出せるかが、知的労働を評価する基準になります。価値あるものを生み出すには、じっくりと考えることが必要で、それには、まとまった時間がどうしても必要となります。

ドラッカーは、一日当たり二時間の考えるための時間をつくるように主張しています。

次の表を使って、自分がいまどんな時間の使い方をしているのか明らかにしてください。そのうえで、どこを削ることができるか考えてください。いまの自分にとっての最優先課

タイムマネジメント

自分の〈現状〉と〈2時間の考える時間をプラスした理想〉

現状

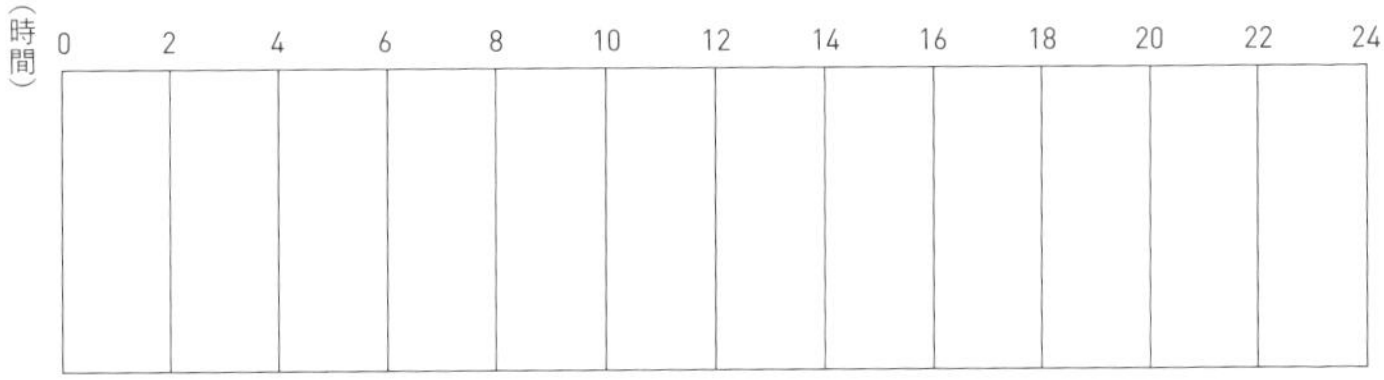

理想

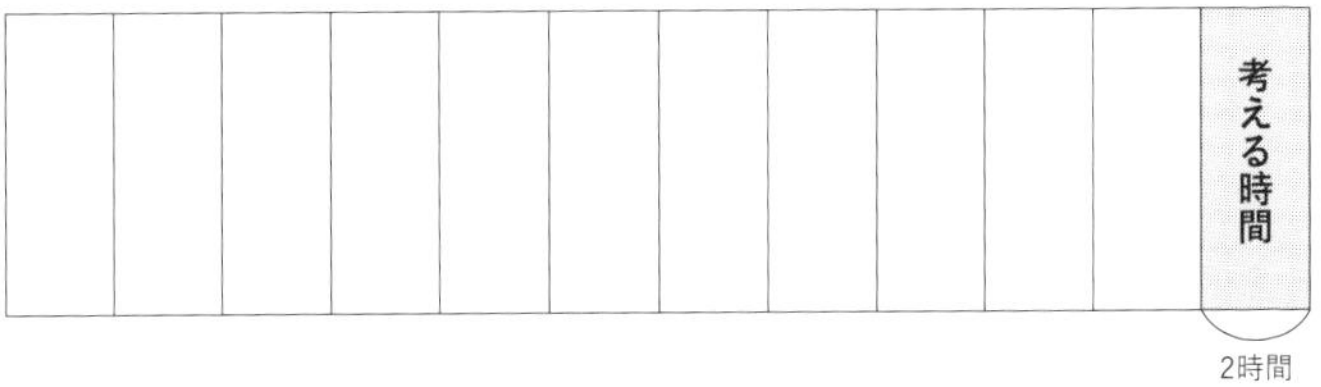

睡眠時間（　）　朝食、朝の支度（　）
入浴、睡眠時間（　）　授業＋交通（　）
家事・そうじ洗濯アイロンなど（　）　夕食づくり・夕食（　）
買い物（　）　宿題・レポート（　）　自主勉強（　）
バイト（　）　デート（　）　コンパ、遊び、SNS、テレビ（　）
ボランティア（　）　クラブ、サークル（　）　　　　（　）は時間

“現状”欄には、実際にかかった時間を記入して上の棒グラフを完成させます。
次に“理想”グラフを考えましょう。

題は何か、それをこなすにはどれだけの時間を見積もればよいか。自分がすべきでないのにたくさん使っている、削るべき時間はどれか。そして、「考えるための二時間」を確保しましょう。時間配分は難しいものですが、このタイムマネジメントが身につくと、自分の時間へのオーナーシップが育ち、自信がついてきます。また、時間配分の難しさを知っているからこそ、部下や他人の時間の使い方へのアドバイスができ、育児や介護や病気療養中ながら仕事をしている人の時間の使い方に思いをはせることができます。これが他者に寄り添うはじめの一歩となるでしょう。

より長期的な視野を持つ

❶自分の強み、得意なこと、熱中していること、追い求めたい夢などを書いてください。
❷社会や自分以外の人のために貢献できることは何でしょうか。いまは無理だけれど、力をつけたらこんな貢献をしてみたい、ということでもいいです。書き出してみましょう。
❸❶と❷で書いた内容を、友人、同僚、家族と話してみましょう。

時間とお金を考える本

社会人になると時間とお金の使い方がとても重要であることを実感するでしょう。時間に追いまくられないこと。加えて、お金に支配されずに有益な使い方ができること。それが仕事の質や生活の質、ひいてはわたしたちにとって最も大切な健康さえ左右します。

時間とお金のマネジメントには強いプライオリティ（優先順位づけ）の意識が必要です。

何を選んで、何を捨てるか。本物の大人は、選ぶことは捨てることだと知っています。捨てるつらさを知っています。だからこそ選んだものに全力投球ができるのです。

わたしがゼミでよくお話しするのは、「猿と壺のお話」です。あるところに猿がいて、大きな壺にどっさり猿の好きなお菓子が入っていました。猿は大喜びで手を壺につっこんで手のひらいっぱいにたくさんのお菓子を握りしめました。でもそのせいで、壺から手が抜けず、猿は結局何も食べられませんでした、というお話です。

あれもこれもやりたいとスケジュール表につめこんで、結局どれも中途半端な評価を受けていませんか？　満足のいく評価を得たいのなら、どれかを選びどれかを捨てなければなりません。いまの自分にとってなすべきことは何か。そのために選ぶべきものは何か。自分の力量（猿でいえば壺から抜ける手の握りの大きさ）はどのくらいか。プライオリティが低いものは捨てる。あるいは後回しにする。

フォロワーはそういうあなたのプライオリティをつけた行動、すなわちあなたの時間とお金の使い方を見て、あなたという人を意志のある人かどうか、頼りにできる人かどうかを判断しているのです。

『モモ』ミヒャエル・エンデ

少女モモは、黙って話を聞くだけで、人の悩みを解消させる能力を持った不思議な女の子です。モモの周りにはいつもたくさんの村人たちが集まっておしゃべりをしていました。しかし「灰色の男たち」が現れ、人々に「時間」を倹約させ、世界中の余分な「時間」を独占しようとします。人々は、しだいにゆとりのある生活を失って、時間に追いまくられ、以前のように集まっておしゃべりをすることもなくなってしまいました……このままではいけない……。モモが立ち上がります！

時間に追いまくられ、時間にこき使われないためには、自分の時間のオーナーシップを手にしなくてはなりません。さもなくば「灰色の男たち」が容赦なくあなたの大切な時間を奪っていきます。

梅檀ゼミでは、毎週、決められた本を一冊読んで簡単なレポートを書くのが課題です。本を読むのも、考えをまとめて書き上げるのにも、思ったより時間がかかるのだということに気づいてもらいたくてこのようなスタイルを続けています。

本を読んで考える時間がどのくらいかかるのかを知らなければ、自分の一日の時間配分もできません。時間に追いまくられないためには、何かを捨てて、考えるための時間をたっぷりと取る必要があります。頼まれ仕事、どうでもよいことに時間を多く使いすぎてはいませんか。自分の時間のオーナーシップを握っている人は、立ち居振る舞いにゆとりがあって人生を楽しんでいるように見えるものです。

『クリスマス・キャロル』チャールズ・ディケンズ

クリスマスイブに、大金持ちなのに、けちんぼうで、狭量で人間嫌いのエベニザー・スクルージ老人のもとに、相棒だったジェイコブ・マーリーの亡霊が現れます。金勘定ばかりしていて隣人や同胞と進んで広く交わって心を通わせていなかったせいで、死んでからもずっと重荷を背負って歩き通しているマーリー。「どれほど後悔しようとも、道を誤った生涯は償えないことを知らないとは。このわたしがそうだった！　ああ！　私は何も知らなかった！」マーリーは、自分と同じ運命をたどらずにすむようスクルージに忠告しに現れたのです。翌日から、彼の予言どおりに第一、第二、第三の幽霊が現れて、過去、現在、未来の自分の姿を見せるのです。お金に支配されていたスクルージはどうなるのでしょう。

生きていくためにお金はもちろん必要です。健全な欲望を充たすためにお金を使う。それが励みになることもあります。自分のやったことが顧客に喜ばれて、報酬になるのは嬉しいことです。

ただお金にとらわれた囚人にならないようにしましょう。時間と同様、お金についても自分がオーナーシップを持つようにしたいものです。それから、リーダーはなかなか面と向かって本当のことを言ってもらえなくなるので、マーリーのような、耳の痛いことを言ってくれる友人やメンターを大事にしてください。

『火車』宮部みゆき

徹底的に足取りを消して自らの存在を消してしまった婚約者。彼女はどうして最愛の婚約者の前から姿を消さなくてはならなかったのでしょうか。この小説は、推理小説であると同時にみごとな経済小説でもあります。消費者金融やカード破産などの実態。そして自己破産者の凄惨な人生がゾッとするほど見えてきます。クレジットカード社会の負の面を知ることができる本です。

「お金もない。学歴もない。とりたてて能力もない。顔だって、それだけで食べていけるほどきれいじゃない。頭もいいわけじゃない。(略)昔はね、夢見てるだけで終わってた。さもなきゃ、なんとしても夢をかなえるぞって頑張った」それが、いまではがんばることもしない。クレジットカードやサラ金があまりに身軽にそばにあるせいで、一瞬で夢をかなえた気になってしまいます。後にはローン地獄が待っているのに気がつかないふりをして。

淋しさを埋めるために恋をして二人で閉じた排他的世界に閉じこもる愚を、フロムは「利己主義が二倍になったものにほかならない」と言いました。他人と比べて負けていると思い込むから惨めでいるのは、『藪の中』で見た〝蔑みの眼〟に通じます。それをわからずに、借金で解決しようとすることは、淋しさと同じ理屈で、いくら借金をして外見を飾っても惨めさは埋まらないでしょう。また、勝手に思い込んで自分で自分の心の扉を閉じていませんか。

わたしたちは誰もが人には見せない部分を持っています。憧れている人たちだって、もしかしたら隠された病気や苦しみがあるのかもしれません。外には見せていないだけかもしれません。それでも人生にイエスと前を向いているのかもしれません。だから、勝手に負けたと思い込んで自分を惨めにするのはもうやめましょう。

勝ち負けを言いたいのなら、人生で戦う相手は、昨日の自分であって他人ではありません。他人と比べず、なまけそうになる自分と戦うと決意したとき人生の新たな展望が見えてくるはずです。

宮部みゆきさんの本は、生きることの厳しさや社会の不条理、世の中のどろどろどろとした側面、人間の身勝手さをこれでもかと教えてくれますが、それでも生き抜いていく強い意志と温かい情が随所に感じられるのでわたしは好きです。

コラム

What is my contribution?

ドラッカーは、「What is my contribution?」を問い続ける重要さを説きました。

自分の利益のためだけに、自分の知識や名声を消費している人も多くいます。そういう人は、情のあるリーダーとは言えません。

「情のあるリーダー」は、自分のためだけではなく自分以外の人のために、その力を発揮する人です。「情」は、しっかりと自立して、自分のことがわかっている人だけが、その余力をもって他人に与えられるものです。

自らの器を大きくして、余力をたくわえ、その溢れたエネルギーで他人をリードしましょう。「情」は与えれば与えるほど、溢れてくるものです。「愛すること」と同じです。そのためにも普段から自分はどんなことで組織に、社会に、貢献できるかを考えておきましょう。

第5回　課題図書

『人間の建設』

岡潔・小林秀雄

概要

小林秀雄は、『無常という事』『モオツァルト』『本居宣長』など優れた著作をものし、日本文学・近代批評の世界で言わずと知れた知の巨人で、文化勲章も受章しています。岡潔は、日本数学史上最大の数学者。多変数解析函数論において世界中の学者が挫折した「三つの大問題」を一人ですべて解決した知の巨人で、こちらも文化勲章を受賞しています。

この本は、文学と数学という、まったく異なる分野の知の巨人による対談です。人間というものを建設するには、「知」の根底にある「情」や情緒を大切にし、自分のことばかり考える小我の愚かしさに気づくことの大切さを説いています。

まだ誰も証明したことのない高度な数学の問題を解いたと想像してみてください。自分が解いた証明が合っているか間違っているか、どうしたらわかるのでしょう？　どこにも解答解説のない「知」の最先端の世界、究極の論理の世界です。そういう大問題を三つも証明した岡潔は、いったいどうやって自分の証明が正しいと納得できたのでしょう？

「証明さえあれば、人は満足すると信じて疑わない。だから数学は知的に独立したものでありうると信じて疑わなかった。
ところが、知には、情を説得する力がない。
満足というものは『情』がするものであるという例に出会った。（略）
数学が今まで成り立ってきたのは、体系の中に矛盾がないということが証明されているためだけではなくて、その体系をおのおの数学者の感情が満足していたということがもっと深くにあったのです。人がようやく、感情の権威に気づいたといってもよろしい」

最先端の知が正しいかどうかは、数学者自身の情が満足したかどうかで判断したと言うのです。腑に落ちたかどうかと言うこともできるでしょう。解いた本人しかわからない究極の世界ですが、「知」の証明に「情」が使われる体験をすることで、「情」こそが人間の根底に流れているものだと岡は喝破しています。

岡潔の教育論にもハッとさせられます。

「知や意によって、ひとの情を強制できない。これが民主主義の根本の思想だと思います。（略）情が主になって動きませんと、感情意欲が働かない。したがって前頭葉が命令するという形式にならない。前頭葉を使い、使いながら強くなるという形式で頭脳も発達してこない。無理にクセをつけるやり方、側頭葉しか働かせない教育、それをしつけと思い違いしているらしいが、いくら厳しくしても自主的に自制力を使う機会を奪い去っているのだから無駄です。あれほど厳しくしつけたのに、こんな子供ができてしまった、きっと躾けすぎたのがいけない、やはり放任すべきだというような見当違いになるのです」
「情が納得して、なるほど、そうだ、と、その人自身が動き出さなければ前頭葉も働かない。だから、ブレーキが弱くて、自分を押さえたことにはならない。そこがわかっていないらしい」

勉強も仕事も自分が主体的にオーナーシップを持って納得して行ったときに素晴らしい成果を伴います。腹落ちした「情」がリードして、意欲が形成され、知が集積されるのだといえます。ドラッカーが指摘するように、ますます「知」が深く専門化した時代においては、「飛び抜けた専門知を持つ者同士が認め合い、コミュニティを形づくります。一人ではカバーしきれないほどの知の融合が必要な時代ですから、ますます高いチーム・パフォーマンスが求められます。高度な専門知を持った人々をリードするためにも、知とともに高いレベルのある情と意を備えたリーダーが求められています。

考えてみよう

▼人が育つために重要なこととは何でしょうか
▼情を磨くためには何をすればよいでしょうか

ヒント

1　人の中心になるものとは

岡は、家庭に子供が育つということについても書いています。「その家庭の雰囲気が非常に子供に影響すると思う」と。

「……『愛』と『信頼』と『向上する意志』大体その3つが人の中心になると思うのです。赤ん坊がお母さんに抱かれて、そしてお母さんの顔を見て笑っている。その頃ではまだ自他の区別というものはない。母親は他人で、抱かれている自分は別人だとは思っていない。赤ん坊には時間の概念もない。しかし親子の情というものはすでにある」

「世界のはじまりというものは、赤ん坊が母親に抱かれている、親子の情はわかるが、自他の別は感じていない、そういう状態ではないかと思う」それが情緒なのだ、と。

リーダーは、フォロワーをリードするだけではなく、育てなくてはなりません。ここに出てくる「愛」と「信頼」と「向上する意志」。これはそのままフォロワーを育てるときにも使えます。情のあるリーダーは、自分が命令・コントロールする人なのではなく、「愛」と「信頼」と「向上する意志」に満ちた雰囲気をつくることができる人です。

わたし自身、若いときにこの『人間の建設』に巡り合ったおかげで、子供たちを育てるときに、「愛」と「信頼」と「向上する意志」を意識し続けることができました。息子たちは社会人になりましたが、いまでも夕食は息子たちとたくさんの情報を交換する場として機能し続けています。家庭は仕事という「戦場」における「安全基地」の役割を果たしており、仕事のオンとオフを上手に切り替えることができています。

このような気づきを与えてくださった岡潔先生に感謝しています。

2 まずは自分を知ることから

意志＝意図×行動、です。「〇〇になりたい」と口で言っているうちは意図（intention）

であって意志（will）ではありません。◯◯になるために努力し行動する。他人は実際に行動している姿を見て、あの人は「意志」のある人だと認識するのです。情のあるリーダーは、「情」を意識した行動が不可欠です。「情」は他人をわかろうとすること。他人をわかるために、わたしたちは「人間」を知り「自分」を見つめ直してきました。

・人の話は「主観的フィルター」を通してしまうので、主観的真実はわからないものであること（『藪の中』）
・愛するという行為には、愛し抜く、信じ抜くという強い意志が必要となる。だからまず自分が成熟した人間になること（『愛するということ』）
・意志の力で自分をマネージできてはじめて他人への心の余裕が生まれる。一人ひとりが意志の力を鍛えて、真のプロフェッショナルになること（『プロフェッショナルの条件』）
・自分自身を守るのは自分。他人のせいにしない人間になる。自分が生かされている理由を理解し貢献すること（『夜と霧』）

自分自身にも他人にも、長所もあれば、「ジョハリの窓」のところで見たように、本人だけが気づいていない部分もあることがわかってきました。「人間というもの」「自分というもの」が本当にわかってくれば、他人の欠点もお互いさまとして受け止められます。こうなってはじめて、他人のことをわかろうとする「情」が生まれてくるのです。

読むことは、人を豊かにし、
話し合うことは、人を機敏にし、
書くことは、人を確かなものにする。

（フランシス・ベーコン）

エクササイズ

コンセンサス・ゲーム

次に紹介するゲームはいわゆる「ＮＡＳＡゲーム」と呼ばれているもので、コンセンサスに至るプロセスを学ぶグループワークです。まず個人で、次にグループでやってみてください。

あなたは仲間とともに宇宙船に乗って月面に着陸しようとしています。当初の予定では明るいほうの月面で迎えにくる母船と一緒になることになっていましたが、機械の故障で宇宙船が着陸予定地から三二〇キロメートルも離れたところに不時着してしまいました。宇宙船もほとんど壊れ、載せていた機械や物品もかなり損壊しています。なんとかして母船に辿り着かなければ全員遭難してしまいます。下記の物品は、不時着時に難をのがれ、完全なまま残っているものです。次ページの表を使って大事な物品の重要度に順位をつけてください。

グループ全体のコンセンサスをつくりあげることができましたか？

英語では、build a consensus と言います。そもそも、コンセンサスとはどういうものでしょうか。声の大きい人の意見をいやいや聞くことではありません。多数決、じゃんけん、妥協、強制、取引とも違います。ペラペラと口が達者な人にまるめこまれることでもありません。

重要度に順位をつけてみよう

物品	個人	グループ
救急箱		
宇宙食		
ナイロンロープ15m		
落下傘の絹布		
携帯用暖房器		
45口径ピストル2本		
粉ミルク1箱		
酸素ボンベ45kg		
月から見た星座表		
救命ボート		
磁石		
水　19リットル		
照明弾		
ソーラーFM送受信機		

① 最初は自分一人で順位を考え、「個人」の欄に記入
② 次に、グループで相談しながら考えた順位を「グループ」の欄に記入

コンセンサスとは、「合意」です。合意するには、まず一人ひとりが自分の意見をしっかりと発言することが肝心です。周りはそれをしっかりと受け止めます。積極的でない人や話すことが苦手な小さい声の人の意見を軽んじないようにしましょう。

議論はときに重箱の隅をつつくような細部に陥り脱線しがちです。この〈エクササイズ〉では、一つひとつの物品を取り上げて、これは必要、あれは不必要、といった具合に物品の評価をしているうちに、目的からズレてしまうのです。

リーダーには、「いま、何のためのコンセンサスをつくりあげているのか」という目的を常に明確にする役割があります。ここで言えば、全員が生きて母船に救助されることです。目的に至る道は複数ありますから、オプションとそれぞれのプラスとマイナスを考えて、大きな絵を描いてあげること。

大きく分けると、自分たちが母船のところに向かうオプションAと、母船になんとか連絡を届けて迎えに来てもらうオプションBがあります。全員が生きて母船に救助されるための時間や、水の量、三二〇キロメートルという距離などの制約条件を考え、オプションAとオプションBのそれぞれについてプラスとマイナスを検討します。リーダーは、一段高い視座に立って、プライオリティ（優先順位）やフィージビリティ（実現可能性）を考え、オプションのうちの一つを選びます。この流れがフォロワーに見える「リーダーの決断」です。

フォロワーの意見を丁寧に聴きながらも、決して一緒になって重箱の隅をつつくのではなく、リーダーは大局的に、まず目的、そしてオプションとそれぞれのプラス・マイナスを明確にし、プライオリティやフィージビリティをつけ、フォロワーの眼に見えるようにしていきます。それを見て、フォロワーもまた考え直し、みんなでコンセンサスをつくることができます。build a consensus はそう簡単にできるものではありません。むしろ予想外に時間のかかるものです。しかし、全員が生きて帰るためには、正確な知識と仲間を一人も取り残さない情とプライオリティを加味した勇気ある決断が必要です。

普段から、コンセンサスづくりをリードする練習を重ねてみてください。

コラム

臆病な自尊心と尊大な羞恥心

新入社員を褒めるとき、「素直だね」という言い方をよくします。素直な人は、飲み込みが早く、自分の仕事にオーナーシップを持ちやすいので、結果的に早く成長します。何年たっても教えを乞うという受け身の姿勢のままではよくありませんが、ある程度の基礎が固まるまでは、素直に、謙虚に、自分の力を鍛えることが必要です。

人は案外自分自身の強みや弱みを知らないので、上司や先輩からの指摘を成長の糧とするのは効果的です。自分の強みと弱みをしっかりと把握したうえで、強みをさらに伸ばし、弱みをマネージすることが成長のコツです。主体的に自分自身を成長させようとする素直な人には安心して仕事を任せられます。仕事がくればくるほど、人はさらに成長します。

この素直さが無いと、どんな結果が待っているでしょうか。『山月記』（中島敦）から抜粋します。

「……おれは詩によって名を成そうと思いながら、進んで師に就いたり、求めて詩友とまじわって切磋琢磨に努めたりすることをしなかった。かといって、またおれは、俗物の間に伍することも潔しとしなかった。共に、我が臆病な自尊心と尊大な羞恥心のせいである。己の珠にあらざることをおそれるがゆえに、あえて刻苦して磨こうともせず、また、己の珠なるべきを半ば信ずるがゆえに、碌々として瓦に伍する（平凡な人たちと同列に並ぶ）こともできなかった。おれはしだいに世と離れ、人と遠ざかり、憤悶と慙恚とによってますます己の内なる臆病な自尊心を飼いふとらせる結果になった。……事実は、才能の不足を暴露するかもしれないとの卑怯な危惧と、刻苦を厭う怠惰とが、おれのすべてだったのだ。おれよりも遥かに乏しい才能でありながら、それを専一に磨いたがために、堂々たる詩家となった者がいくらでもいるのだ」

「臆病な自尊心と尊大な羞恥心」に飲み込まれないためにも、一〇代二〇代は自己鍛錬あるのみでしょう。上司や先輩からの耳に痛い助言も、自分を成長させる糧にして謙虚に受け止める。そして、一刻も早く、自分の強みを武器とし、自分なりのアウトプットに責任を持つようになることです。

素直に習得できる人は、謙虚でもあります。知識を深く知れば知るほど、自分はまだまだだと思い知るからでしょう。ソクラテスの言う「無知の知」を知り、「実るほど頭を垂れる稲穂かな」を実践できる人はリーダーとして尊敬されます。知識はあっという間に陳腐化するので、リーダーの地位に就いた後も、たゆまず学び続けることのできる人が求められています。

第6回 課題図書

『木のいのち木のこころ』

西岡常一

概要

法隆寺大修理や薬師寺伽藍再建などを主導した〝最後の宮大工〟、西岡常一さんの本です。法隆寺が一三〇〇年以上も地震でも倒れずにいるのは、飛鳥時代の職人の技と知恵の結晶です。加えて解体修理のたびに、その技と知恵を読み解き理解して再現しようと渾身の力を振り絞ってきた宮大工たちの努力の賜物です。最後の宮大工である西岡さんは、絶えず「本当のことは何なのか」と問いかけて仕事をすすめます。この本と、同じ著者の『木に学べ』は、マネジャーの必須本と長く言われてきました。リーダーには、次世代を担うリーダー候補を育てる責務があります。西岡棟梁がどうやって部下を育成したのかを読み取ってください。

解体修理には、マニュアルや教科書があるわけではありません。自分の考えしか頼るものがない現場一筋で仕事をしてきた棟梁の言葉は、どれも含蓄があります。

「すべての仕事を基礎から、本当のことは何なのかを知らずには何も始められず、何をするにしても必ずその問題にぶつかる」
「個性を見抜いて使ってやるほうが強いし長持ちする」
「木は生育の方位のままに使え」
「癖の強いやつほど命も強い」

人事の世界では、「適材適所」という言葉がよく使われていますが、「適材」を正しく見抜いて使っているのか、疑問に思うことがしばしばあります。

むしろ、日本企業は先に「適所」ありきで、そこに社員をあてはめる「適所適材」を実践してきたのではないでしょうか。社員一人ひとりの強みや得意技などを見ないで、学歴だけでレッテルを貼り、できるはずだろうと押し込む。文句も言わせず上意下達で組織として業績をあげてきたのが軍隊であり二〇世紀型マネジメントです。いまの時代、これでは人が定着しないでしょう。

人間も生き物です。持って生まれた才能、それを長い時間かけて武器にまで高めた強み、得意なこと、不得意なことは、人それぞれです。同じ大学を出たからといって同じことが強みであるとは限りません。西岡棟梁が言うように一人ひとりのクセを見抜き、強みを活かすマネジメントがこれからのリーダーには必須のスキルです。

西岡棟梁はこうも言います（こちらは『木に学べ』からの抜粋です）。

「棟梁というものは家の中のことから外のことまで一切知らないといけない。……使用人の苦しみということがわからなかったら使用人の気持ちがわからない。使用人の気持ちをわかるためには、茶碗を洗ったり、洗濯をしっておかないといけない……とにかく、人の心がわからないようでは人を束ねてはいけません」

リーダーとは、人を束ね、チームとしてのアウトプットを出す責務を負う人です。人を束ねる責務を負う前から、人の心がわかるように努めておく。リーダーを目指す人は、若いうちから「情」を豊かに開拓し、フットワーク軽く現場に赴き、現場を支える人の気持ちをわかろうとする人です。

組織においては、リーダーという広い意味の中にマネジャーという職位があります。組織におけるマネジャーは、自分も業績をあげつつ、部下の育成をしてチームの業績をあげなくてはならない大変なポジションです。マネジャーになる前から「情」と「意」を磨いている人は、余力を持って部下を育てることができます。部下は十把一絡げで教育するものではありません。部下一人ひとりをしっかりと見つめて、そのよさを活かしてさらに伸ばす意義や方法を、西岡棟梁の言葉から学び取ることができます。

考えてみよう

▼仕事における「素直さ」とはどういうことでしょうか

▼部下が育つ「褒め方」とはどのようなものでしょうか

ヒント

1 守破離について

先のコラムで、素直な新入社員は成長が早いという話をしました。ここでは「素直さ」についてさらに掘り下げて考えてみましょう。

物事を修得する段階を三つに分けた「守破離」という言葉があります。元は茶道などの修業段階の教えですが、学問でも経営でも学ぶ姿勢すべてに共通すると思います。

「守」は、師匠の教えを正確かつ忠実に守り、物事の本質、基本を学び取る段階です。教えを忠実に守り、それからはずれることのないように精進して身につけよ、という意味です。

「破」は、身につけた技や形をさらに洗練させ、自己の個性を創造する段階を言います。他流の教えや技を学ぶことも心がけます。この段階では、技だけではなく、心も発展させなくてはなりません。

「離」は守破を前進させて、新しい独自の道を確立させる段階を指します。新しい流派を立てられるレベルなのでほとんどの人はこのレベルに到達しないかもしれません。

知識はインプットするだけでアウトプットをしなければ使いものになりません。「守破離」を拝借すれば、「守」がインプット、「破」がアウトプットと考えるとわかりやすいでしょう。将来リーダーとして見事なアウトプットをするためにも、「守」をきちんと実践すること。ただし、「守」は受け身でいるということとは違います。教えられたことを自分自身で考え抜き、根本にある原理を理解しようと努めなくてはなりません。

西岡棟梁は、自分の弟子に「守」を叩き込みます。

「弟子になるものには、大工になろうという気持ちがありますのや。ただその上に何か教えてもらおうという衣みたいなもので覆われていますが、それが邪魔ですな。まず、生活しているうちに自分でこの衣を解かないけません。……親方がそういうんやからやってみよう、この方法ではあかん、こないしたらどうやろ、やっぱりあかん、どないしたらいいんや。そうやってさまざまに悩みますやろし、そのなかで考えますな。これが教育というもんやないんですかいな」

宮大工の仕事は、一〇〇〇年以上も建ち続ける寺を建造することです。地震で地面が揺れても倒れない寺の構造は、寺の根本の基礎にある礎石と中心となる柱の切り方や屋根の重みと全体のバランスにあるなど、知らなければならない知識はたくさんあります。でもまず宮大工としての基本は、一〇〇〇年以上腐らず持ち続ける柱をつくることです。釘などの金物は雨にあたって錆びて金属疲労を起こしてしまうので使いません。コンクリートも一〇〇〇年はもたないので使いません。木材だけを使って、木の癖を見抜いて組み合わせることでより強い柱にする。雨水が隙間に入ってしまうとそこから木が腐ります。木材を隙間なく貼り合わせることができる高い技術こそが、一〇〇〇年以上持ちこたえる寺院建築を生み出すのです。隙間なく貼り合わせるためには、木材から柱に加工する際の刃物を使いこなす高度な技術に加えて、よく切れる刃物が必要です。

ですから知識や技術ではなくて、刃物を研ぐことから始めさせるわけです。刃物が研げないとはどういうことか。なまくらな刃物だとどういう結果になるのか。よく切れる鉋だからこそ、均等で極薄の木っ端が引ける。木材の表面がでこぼこなく均等になれば貼り合わせるときに隙間ができない。だから長い年月の間に柱と柱を合わせたところに雨水も入らず、腐らない。

よく切れる刃物を研げる人になることこそが、高い技を持つ宮大工の修業そのものなのですが、大工になる知識やノウハウを教えてもらおうと受け身で来た人は、なぜ毎日刃物研ぎばかりやらされるのかがわかりません。

「素直な人」は、棟梁が命じたことに専心します。棟梁や先輩が引くような素晴らしい鉋を引いてみたいのに、引いた後の鉋屑《かんなくず》がまるで違うじゃないか。なぜだ？ 鉋の刃が違うのだ。同じように研いでいるのになぜ違うのだろうと考える。本当に「同じように」研げているのだろうか、と先輩の研ぎ方をよく観察する。あれ、姿勢が違うのではないか、と気づいて姿勢を正してみたら、うまく研げた。うまく研げた鉋で引いたときに出る美しい鉋屑。そうしてでこぼこのない真っ平らな材木ができる。

木材でできた法隆寺が腐らずに立派に建っているのは、突き詰めていけば、切れる刃物であり研ぐ姿勢にあるのだとわかった一瞬、仕事の原理がわかった一瞬、その積み重ねです。自分で考えて習得していくんです。

「技は技だけで身につくもんやないんです。技は心と一緒に進歩していくんです。一体ですな」

病気の治療方法に対処療法と根本治療があるように、仕事にも小手先のノウハウや技ですむものと、根本原理から突き詰めるべきものがあります。仕事の根本原理がわかった人は、自分の仕事にオーナーシップを持って進めることができ、急な環境変化にも即応できます。応用力が身につくのです。部下を根本からわかる人に育てるには時間と手間がかかりますが、わかった後は大きな戦力となります。このように自分で考えて工夫できる人を育てる醍醐味がリーダーやマネジャーにはあるのです。

2 思い上がりにつながらない褒め方とは

「褒めて励ますというのはあるでしょうが、褒めておだてて仕事を覚えてもらわななならんことなんて何にもないんです。嫌なら覚えんでもいいんです。……だめやなと思うた時点で、もうあかんのです。その代わり辞めずに、覚えが悪くても覚えようという者にはじっくりつきあいます」

西岡棟梁は、褒めたりおだてたりしないことこそが本人のためになる、と言います。

「『この寺は八十点の出来ですから合格です』というて一人前のお金がもらうのは間違っておりますな。……下手に褒めたらすぐに天狗になりますがな。『これでいいのか、間違ってないか』という気持ちをつねに持つことが大事です。……職人は思い上がったら終わりです」

社会で言う一人前とは、一〇〇点満点の世界で一〇〇点をとるのが当たり前ということです。一〇〇点をとっても「可」にすぎません。顧客は、あの機能もつけろ、もっと安くしろと言ってきます。一〇〇点満点で常に一二〇点、一五〇点を目指さないといけないのが社会です。

「人間というやつは、褒められると、こんどは褒められたくて仕事をするようになります。人の目を気にして『こんなもんでどうや』とか、『いっちょうおれの腕を見せたろ』って思って造るんですな。ところがそういうふうにして造られた建物にはろくなもんがないんです」

報酬や給与をいただいている仕事の本質は何か。華美なプレゼンテーション資料や動画は単なる手段であって、仕事の本質や目的を忘れてはいけません。西岡棟梁は、弟子が「やったこと」や取り組む姿勢を認めます。でも、おまえはすごい、天才だ、などと安易に褒めたりおだてたりせず、弟子がどうしたらうまく育つかに腐心しています。そのために遠回りのようでも、根本原理が腑に落ちるように仕向けます。現場で働く姿を絶えず見ながら、弟子のたゆまぬ努力を褒めるのです。必ず自立させ飛び立たせると、弟子を引き受けるときから覚悟をしているのです。

情のあるリーダーは、ベタベタ褒める人ではありません。部下に主体性を持たせ、自立させるための筋の通った厳しさも持ち合わせている人です。

ゼミナール

人を褒める

人はなぜ、褒められたり認められたりすると嬉しいのか。それをきちんと理解しておくことは有益です。脳が報酬として求めているものはつまるところは何か。褒められたとき、脳で何が起こっているのか。人間を知るために、脳の報酬系の仕組みを調べてみましょう。

褒められると嬉しいのは、その時に脳内でドーパミンやエンドルフィンなどの脳内化学物質が放出され、それによって喜びの感情が生まれるからです。

褒められたい、認められたいという欲求が起こるのも、脳が報酬系の化学物質を欲するからです。効果がすぐに切れてしまうので、麻薬やアルコールのように、いったん摂取するともっともっとと欲求がエスカレートする仕組みもこれで説明できます。

要は化学物質が出ればよいのです。何かに意欲的に取り組んで見事達成したとき、脳には化学物質が出ています。他人からの承認を待たずに、自分自身で自分の出来栄えを厳しく評価して承認することができる人間になれば、達成するたびに脳内に報酬系の化学物質が溢れてハッピーになるわけです。

褒めて、認めて、と受け身の姿勢でいるあいだは、自分の幸福感を他人に左右されていることになります。誰が見ていなくても、自分で決めた目標に自分で達成し、自分で幸福になる。これが人生を楽しむ秘訣の一つです。

リーダーはフォロワーからの承認を待ってはいけません。承認がほしいがためにフォロワーに媚びることにつながりかねません。リーダーを目指すなら、他者からの承認や評価を待たずに、自分で自分の達成度を公正に見極める習慣をつけたいものです。

子どもの褒め方の違い

コロンビア大学の心理学者、クラウディア・ミューラーとキャロル・デュエックが「褒める」ことについての大規模な実験（一九九八年）を行いました。一〇歳から一二歳の子ども約四〇〇人を対象としたこの実験では、対象となった子どもたちを三つのグループに分けて、図形を使ったＩＱテストを四回実施しました。それぞれのグループの褒め方を変えたところ、テストの成績とその後の対応に大きな違いが出ました。やる気を失わせる褒め方と、最高の能力を引き出す褒め方の違いはどこにあるのでしょうか。

❶一回目のやさしいテストの後、先生は、グループごとに褒め方を変えました。
第一グループへの褒め言葉「たくさん問題が解けたなんて頭がいいね！」
第二グループには、成績を伝えるだけで褒めるような言葉はかけませんでした。
第三グループへの褒め言葉「たくさん問題が解けたのは、一生懸命がんばったからだね」

❷二回目のテストは、子ども自身に問題を選ばせます。片方の問題は、「一回目より難し

くて解けないかもしれないが、チャレンジすれば何かを学ぶことができる問題」と紹介し、もう片方は、「一回目と同じ程度でやさしい問題」と紹介しました。

頭がいいと褒められた第一グループの約六五％がやさしい問題を選びました。特段褒める言葉をかけられなかった第二グループでは、やさしい問題を選んだのは四五％でした。がんばったことを褒められた第三グループでは、やさしい問題を選んだのはわずか一〇％で九〇％の子どもがチャレンジングな問題を選択しました。

❸三回目のテストは、非常に難しかったので全員があまりよい成績をとれませんでした。そこで先生が、家に帰って続きをやってみたいかとたずねると、グループ間で大きな差が出ました。

頭がいいと褒められた第一グループでは、家に帰ってから続きをやりたいと答えた子はほとんどいませんでした。逆に、がんばったことを褒められた第三グループではほとんどが家に帰っても続きをやりたいと答えました。

❹最後に、すべてのグループの子どもたちに、一回目のテストと同じレベルのやさしいテ

ストを行いました。

頭がいいと褒められた第一グループは、平均して二〇％も成績を落としました。がんばったことを褒められた第三グループは、平均して三〇％も成績を伸ばしました。

ミューラーとデュエックは、褒める内容に気をつけるべきだと指摘しています。

「頭がいいといつも褒められている生徒は、気分は良くなるが、同時に失敗を恐れるようになる。成功しなかったら格好悪いと考え、難しい問題への挑戦を避ける。しかも、頭がいいのだからと思ってしまうので、自分はがんばらなくても良く出来ると思いがちである。そのため必要な努力をしなくなり、結果としてよけい失敗する割合が高くなる。そして不幸にして実際に悪い成績をとってしまうと、完全にやる気をなくし、無力感におそわれる。低いデキを目にして、自分は言われたほど頭がいいわけではない、自分には能力がないと思ってしまうのだ」

とりあえず褒めて機嫌よくさせればいい、という気持ちで褒めると真逆の効果を生んでしまう危険性があります。頭がいいと褒めるのではなく、子どもの取り組む姿勢や時間の使い方、人との関わり方など、「努力した部分」を褒めてあげることが重要です。

リーダーが、フォロワーを褒めて育てるときも同じです。弟子や部下が取り組む姿勢や素直な態度を褒めたり、時間の使い方やプライオリティの決め方などを褒めたりするとよいでしょう。部下の強みがわかれば、日々その強みを仕事に活かしている姿勢を褒めることができます。

褒め方と対になる叱り方についても考えておきましょう。

仕事に失敗はつきものです。チャレンジ精神を失わせないためにも、一度目の間違いは叱ってはいけません。なぜ失敗したのかを自分で考えさせる。先輩弟子のような切れる刃物を、自分はなぜ研げないのかを考えさせるのと同じです。同じ間違いを二度したら叱ります。一度目に間違ったときにしっかりと敗因分析をしたかどうかを問うているので、一度目と二度目は同じ失敗でも雲泥の差があるのです。一生懸命やり続ける努力の姿勢。失敗しても、チャレンジする意欲。二度同じ間違いをしない慎重で現実的な敗因分析。こういうところを確実に見ていて、褒めたり叱ったりできるリーダーは、部下をのびのびと成長させ、部下にオーナーシップや責任を持たせることができるでしょう。

コラム

レジリエンス

仕事において失敗したり苦境に立たされたりしたときの耐性（レジリエンス）が弱い人がいます。ペンシルベニア大学のライビッチとシャテーは『レジリエンスの教科書』で自分の考え方を変えることで、レジリエンスを高めることができると述べています。

逆境や出来事をAとし、自分の結果や行動をCとすると、普通は、Aが起きたからCという行動をとったのだと考えます。たとえば、A（上司が叱責した）からC（落ち込んだ）と考えます。ところが、ライビッチとシャテーは、AとCの間の無意識下に存在する「いまこの瞬間の思い込み」があるのだと主張し、これをBとします。実は、Cという行動は、他人の言動であるAが引き起こしたのではなくて、自分の無意識であるBが引き起こしているのだと主張しました。『藪の中』の「蔑みの眼」でも学んだように、自分の心の扉を開けるのは他人ではなく自分であるということです。

このA→B→Cという仕組みに気づくことができたら後は簡単です。

Cという行動に移る前に、短い時間立ち止まって、心の中のBすなわち「いまこの瞬間の思い込み」に気づきましょう。「いまこの瞬間の思い込み」は自分の心の癖ですから、気づけばコントロールできます。自分の手にコントロールを取り戻すことこそがレジリエンスを高める秘訣です。

B「いまこの瞬間の思い込み」とC「結果、行動」の関係を理解しておくといいでしょう。たとえばこういうことです。

❶「怒り」←自分の権利を侵害されたという思い込み、侮辱されたという思い込み
❷「悲しみ、落ち込み」←現実世界の喪失感、自尊心の喪失感という思い込み
❸「罪悪感」←他人の権利を自分が侵害したという思い込み
❹「不安、恐れ」←未来への脅威という思い込み
❺「困惑、羞恥心」←他人と比べてネガティブな評価をされるという思い込み

A（上司の叱責）により、B（自尊心を傷つけられた）と思い込むから、C（落ち込む）わけです。

自分の思い込みがなければ、いくら上司が叱責したところで落ち込む必要はありません。リーダーを目指す人は、この仕組みを理解して、まずは自分自身のレジリエンスを高めましょう。

自分のレジリエンスの高め方を知っていると、他人が怒ったり、悲しんだりしているのを見て、あれはどの思い込みが作動しているのかを簡単に推測することができるようになります。そうすれば、他人への共感や理解を強め、他人の気持ちに寄り添う力が鍛えられてきます。

第7回　課題図書

『人生の王道 ～西郷南洲の教えに学ぶ』

稲盛和夫

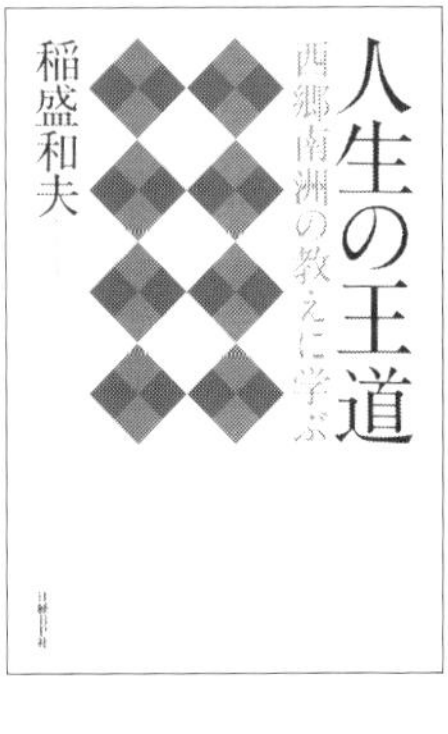

概要

「とびきり美しく温かい心をもった上質な日本人」として稲盛和夫さんから慕われている西郷南洲こと西郷隆盛。西郷さんが残した言葉を、庄内藩の有志がまとめたものが『南洲翁遺訓』です。「情のあるリーダー」の見本のような西郷さんの言葉を、ご自身も素晴らしいリーダーである稲盛和夫さんが解釈を加えて、人生の王道を行くにはどうしたらよいかを説いた本です。『南洲翁遺訓』に遺された西郷さんの思い、それを解釈する稲盛さんの思いと経験。双方をじっくりと味わいつつ、自分なら西郷さんの言葉をどう解釈するかを考えることが自分らしいリーダー像をつくるのに役に立ちます。

『南洲翁遺訓』は、全部で四三条（四一条＋追加二条）から成ります。南洲翁が、庄内藩の藩士からたずねられたことに答えているので、内容に重複はありますが、編者がおおまかにまとめたものと思われます。

第一〜七条　為政者の基本的姿勢と人材登用に関するもの
第八〜一二条　為政者がすすめる開化政策に関するもの
第一三〜一五条　国の財政・会計に関するもの
第一六〜一八条　外国交際に関するもの
第一九条〜二九条　追加二条は、為政者の基本的姿勢プラス天と人として踏むべき道に関するもの
第三〇〜四一条　聖賢・士大夫あるいは君子に関するもの

これを著者の稲盛さんが経営者の観点から分類しなおし、適宜実例を加えながら解説しています。

考えてみよう

▼遺訓第一条「何程国家に勲労あるとも、その職にたえぬ人を官職をもって賞するは善からぬことの第一なり。官はその人を選びてこれを授け、功ある者には俸禄をもって賞し、これを愛しおくものぞ」
これはどういうことでしょうか

▼遺訓第三六条「聖賢にならんと欲する志なく、古人の事跡を見、とても企ておよばぬというようなる心ならば、戦いに臨みて逃ぐるよりなお卑怯なり」
これはどういうことでしょうか

ヒント

1 人を育てる

情のあるリーダーとして役に立つ遺訓はたくさんありますが、リーダーの大事な責務の一つに後進の育成があります。リーダー一人だけでは事は進みません。部下が尊敬して信頼してついてくるようなリーダーは、人の処遇も人の心のケアも意識しているものです。

あなたが会社の経営者だとして、会社を大きくしていくために、もっと優秀な人間がほしくなったとき、どうやって人材を集めるでしょうか。自分と一緒に小さい会社を興し、苦楽をともにしてきた番頭さんのような人材を鍛え直すことで必要な人材を手にするのでしょうか。それとも、外部から優秀だと思われる人材を迎え入れるでしょうか。

リーダーは、フォロワーから「安心、安全」を求められます。言いにくいことを具申してもクビが飛ばない安心感。古い人材であってもまじめに熱心に働く人に長所を見つけて伸ばしてくれる信頼感。短期利益をあげるためにリストラを横行しない忍耐力。フォロワーはリーダーのそういう面も見ているものです。

稲盛さんは、「組織をつくるのは、城を築くようなものだ」と言います。素晴らしい城をつくろうとすれば大きな巨石（つまり優秀な外部の人材）も必要ですが、その巨石と巨石をうめる小さな硬い石がいります。それがなければ石垣がうまく組めません。小さいけれどいぶし銀のような働きをする社員一人ひとりの強みを見出し、どう伸ばしていくかはリーダーの腕の見せ所だと思います。情のあるリーダーは、一人ひとりの強みを見出して伸ばしていく力に長けています。

2 卑怯な行為とは

西郷さんが最も厳しく戒めたことは、自分自身を高めていこうという「志」を捨てて、努力する前に諦めてしまう心の弱さです。ついつい楽なほうに流されてしまうのが人間かもしれませんが、西郷さんはそういう心の甘えを卑怯だと叱ってくれます。

努力すれば絶対に報われるとは限りません。努力しても、なお報われないこともあるのが人生というものです。しかし、努力もしなければ、何事も達成できないこともまた事実です。

まず、強い志を持ち、強く思う。思うことが、その人の運命を変えるのです。（What we think, we become.）。そして思ったら行動で示すこと（意志＝意図×行動）。トライもせずに逃げたりしない。苦しくてもくじけずに、高みを目指す。その意欲と努力は決して無駄にはなりません。知識や教養や経験も一つだけ身につけてもだめで、さまざまなものをためて、発酵させたほうが役に立つものです。少なくとも、西郷さんに卑怯だと言われないことは確かですし、ためておいた力がいつかどこかで役に立つことがあるはずです。

稲盛さんが唱える有名な人生の方程式、「人生、仕事の結果＝考え方×熱意×能力」があります。

これは掛け算ですから、信念や人生哲学がマイナスだと結果もマイナスになってしまいます。「どの分野、どの世界にも、能力が高く熱意がみなぎっている人はたくさんいるものです。しかし、善き心、真っ直ぐな考え方を備えている人となると、そうそういるわけではありません。西郷がひたすら人間を説くのも、私が人生の方程式の三つの要素のうち、考え方を真っ先に置いているのも、正しい考え方を持つことが一番大切であり、また、一番むずかしいからです」と稲盛さんは言います。

よい考え方とは、前向き、肯定的、思いやりがある、正直、感謝の心を持っていることであり、悪い考え方とは、後ろ向き、否定的、意地悪、不真面目、嘘つき、不平不満ばかりを言い、人を恨み、人を妬むこと。その人が持っている心の様相によって、人生や仕事の結果がプラスにもマイナスにも変わります。心の様相をつくるのは、意識だけではなくて無意識もあります。

レジリエンスを強くするためにも無意識の思い込みに気をつけるという話をしましたが、無意識はあなどれません。無意識にネガティブな情報ばかりを入れていれば、それが意識にのぼってもやはりネガティブな効果を招いてしまいます。

人間というものを知り、自分の未熟さを知り、それゆえに鍛錬を続けること。強い意志や熱意を行動で示すこと。それらが小さな自信となり、無意識にもポジティブな考え方が蓄積されます。リーダーを目指すのであれば、稲盛さんの言う「善き心、真っ直ぐな考え方」を普段から身につけるべく努力し続け、ポジティブな人生方程式の解を得たいものです。

エクササイズ

スキルチェック

仕事で求められるスキルは職によって異なります。立場が変わり責任が変われば、求められるスキルもまた変わってきます。たとえば、就職するときには「仕事で求められるスキル三つ」を挙げてみて、自分の長所・強みとマッチしていることが望ましいでしょう。年代が上になって責任の重さが変わってくると、ポジションに求められるスキルもまた異なってきます。現在の自分のポジションに求められるスキルをアップすること（Weak⇒Normal⇒Positive⇒Strong）、同時に、一つ上のポジションのスキルをいまから意識して磨き始めることです。

学びのステップは何歳になっても終わることはありません。次ページの表を参考に、スキルチェックをしてみましょう。

❶表を参考にして、現在の自分に求められているスキルをリストアップする
❷スキルのレベルを客観的に現状把握する
❸レベルを、Weak→Normal→Positive→Strongとアップするには、具体的にどうしたらよいのかを考え、実践する
❹一つ上のポジションのスキルをいまから意識して磨き始める（語学は一例。自分の現状レベルに◯をつけてみて、それを上げることに注力しましょう）

スキルチェック

Class	Skills	Weak 1 2 3 4	Normal 5 6 7	Positive 8 9 10	Strong 11 12 13
初級	数量的、定量的スキル				
	分析力				
	インダストリー知識				
	語学力、外国語		現状 ⇒ ○	⇒ ○	
	セールス力				
	文章力、メール、レポート				
	プレゼンテーション				
	コミュニケーション				
	人の話を聞く力				
	社内の人間関係を築く力				
	タイム・マネジメント				
中級	初級にプラスして、「人」&「モノ」のマネジメントができることが必須				
	実用法律、法務				
	建設的に対立できる力				
	専門分野におけるスキル				
	プライオリティを決める力				
	会計、財務諸表				
上級	中級にプラスして、「カネ」&「情報、戦略」のマネジメントができることが必須				
	概念化し本質を見極める				
	交渉力				
	対外的人間関係を築く				
	権限委譲				
	対競合戦略				
	5年後、10年後のビジョン				
	財務				
	将来の経営者をつくる				

参考図書

『最前線のリーダーシップ』

ロナルド・A・ハイフェッツ／マーティ・リンスキー／アレクサンダー・グラショウ

ハーバード・ケネディスクールの、ロナルド・A・ハイフェッツ教授は、この本の中で「リーダーシップというのは、ただ輝かしいものであるだけではなくて、変化に抵抗する人々からの攻撃を受ける場合もあることを、はじめからしっかりと認識して対処を考えておこう」と主張しています。そのとおりだと思います。

梅檀ゼミでは、あえて人間というものの弱さ、汚さ、醜さや人生の不条理を本から学ぼうとしてきました。弱くていい加減で不条理な人間というものを前提にして、われわれはリーダーシップを発揮しなければならないからです。

ハイフェッツ教授はこうも言います。

「リーダーシップを発揮する機会は、無数にある。

リーダーシップを発揮するということは、危険な生き方をするということでもある。

そもそもリーダーシップが重要になるのは、毎日の習慣、手段、帰属心、考え方に挑戦しなければならず、それと引き換えに提供できるものは『将来の可能性』以外に何もないからだ。

真のリーダーは、未解決の問題を表面化させ、長きにわたる習慣に挑戦し、人々に新しいやり方を要求しなければならない。

脅威にさらされた人々は、変化を要求する人間（リーダー）に攻撃の狙いを定める。ありとあらゆる抵抗を始めるだろう。

それでも、リーダーシップには、リスクを冒すだけの価値がある！

その結果は、物質的利益や個人的達成にとどまらない。

リーダーシップにより、周囲の人々の生活をより良くすることで、人生の目的に意味をもたらす。

自分の力で、社会や周囲の人々に貢献をすることで、実は自分自身がより豊かな人生を得ることができる」

つまり、こういうことです。

❶リーダーシップというものを理解しよう
❷それらの危険への対処の仕方を学ぼう→人間を知る
❸困難な状況の中で自分の心の活力を保つため自分を鍛えよう

リーダーが新しい未来を構築する前には、現状の否定、現状を壊すステップがあります。現状否定をされて不安なフォロワーは、総論は賛成でも各論は反対となりがちです。リーダーは、そういう抵抗を織り込んでおいて、いまは苦しいけれど、この先かならずよくなるという信念を根気よく説得し続けなければなりません。大局的な絵（ビジョン）を描き、コンセンサスをつくりあげ、フォロワーが主体的にその未来への道を歩むようにリードすることが求められます。フォロワーをよりよい未来へ導けたと感じるとき、心の底から満足できるのはリーダーの特権です。

第8回　課題図書

『名画を見る眼』

高階秀爾

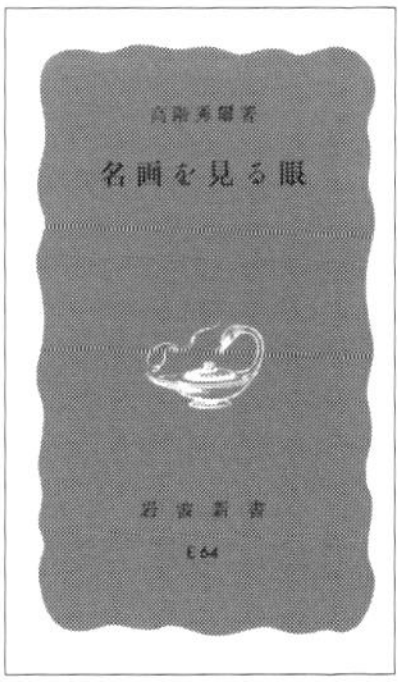

概要

東京大学教授として美術史を研究し、一般向けの書籍も数多く出されている高階秀爾先生。ご自身が、先輩の導きや先人たちの研究に教えられて、同じ絵を見てもそれまで見えなかったものが忽然として見えてくるようになり、目を洗われる思いをしたことが何度もあるとか。本書は西洋絵画の代表的名画を選んでその本質に迫る解説をした本です。

絵画は、ただ眺めてきれいだなあと鑑賞することもよいでしょう。でも、さまざまなことに気がついて理解を深めることによって、それまで見えなかったものが見えてくることがあります。

レンブラントの「フローラ」という絵があります。ボッティチェルリやティツィアーノの描く「フローラ」とは異なり、花模様も何も無い純白の衣装を着た、慎ましやかな女性の絵です。「いったいこれでも花の女神なのだろうかという疑問すら起こってくるに相違ない」と高階先生は言い、レンブラントが描いたフローラ四枚を時系列に並べてみました。四枚とも共通点として、花の女神フローラという主題と、その意味内容を表現するためのモティーフは同じです。

しかしレンブラントの伝記をひもとけば、ある年を境に人生の明暗がはっきり分かれるのに気づくでしょう。この絵は、失意と貧困に悩まされた後半生のレンブラントを支えた女性ヘンドリッキエがモデルであり、であるからこそ「この女神は、豪奢なドレスや花飾りによってではなく、深い内面的な人間性によって輝くのである」と高階先生は喝破されます。もともとフローラとは娼婦がモデルになることが多いのですが、しかし、このヘンドリッキエのフローラは、身だしなみはきちんとしていて清楚であり、「なによりも、柔らかい光に照らし出された端正なその横顔に、モデルに対する画家の深い愛情が感じられる。(中略)レンブラントは、ヘンドリッキエを花の女神に仕立てることによって彼女に対する深い愛情を語っているのだが、それと同時に、フローラのイメージをも変えてしまったと言って良い」というのです。

思わず、本物のヘンドリッキエの「フローラ」を見たくなります。

絵の背景や本質に迫る高階秀爾先生の『名画を見る眼』『続 名画を見る眼』を読んだときに、これは「人を見る眼」にも通じると感じ、課題図書にしました。

考えてみよう

▼他者の気持ちに寄り添うとはどういうことでしょうか?

ヒント

自分のものさしで見ていないか

以前テレビで、京菓子司を取材している番組を見ました。

一期一会である茶会のひとときを満足していただけるようなお菓子をいかにつくりあげるか、というのがテーマでした。

茶会を開く亭主が、どのような趣向でその会を催したいのかを、丹念に聞いたり調べたりします。そうやって掴み取った世界を、たった一個の菓子の中に表現していきます。その過程では、古典文学、美意識、色彩、言葉、万葉集から最新の書籍まであらゆる書物を読んでピッタリの言葉を探します。これだけの背景をつめこみ、理解し、表現しようと何十回もつくりなおす熱意にうたれました。ただただ、その茶会を開こうとする亭主の気持ちに寄り添うがために。他者の気持ちに寄り添うと簡単に言いますが、ただそばにいればいいというものではありません。見えない他人の気持ちが忽然として見えてくるには何に気がついたらいいのでしょう。

レオナルド・ダ・ヴィンチは「絵画とは精神的なものだ」と手記に書いたと言います。

絵画は、手先の技術だけでつくる作品ではないと。思いやメッセージといった画家の感覚的なものが絵に込められているのならば、画家が生きていた時代背景、文化、環境なども理解しておかないと本当に絵を理解することにはなりません。絵画の向こうに息づく画家の思いをとらえて初めて見えてくるものがあります。高階先生の本を読んだら、画家の時代背景や文化や環境などを調べたうえで、絵を見に行ってみましょう。何度も何度も足を運んで、自分の眼で見て、絵の向こうにいる画家に問いかけてみましょう。

その姿勢はそのまま、「人間を見る眼」の習練につながります。

人はつい自分のものさしで他人の言葉を解釈します。自分の知らないものは見えません。でも他者は違う思いで、その言葉を使ったのかもしれません。その人がそういう言動をしたのは、なぜなのか。どういう思いがあったからなのか。わかろうとしましょう。わかるまで聞いてみてください。と言っても信頼関係が育っていないとなかなか心を開いてくれないかもしれません。信頼はレンガを積むようなものですから、粘り強く積み上げてください。あなたのことがもっとわかりたいから一生懸命聴きますという姿勢が、他者の気持ちに寄り添う第一歩となります。

エクササイズ

タイムトラベラー・ゲーム

他人にものごとを理解してもらうことは、とてつもなく忍耐が要る作業です。相手と同じ土俵に立ち、共通の言葉を探し、共通の認識を手探りし、相手にとってはまったく未知の新しい概念から説明する必要があるからです。ヘレン・ケラーに、言葉というものの概念を教えたサリバン先生の苦労がふと浮かびます。理解できない相手が悪いのではなく、相手の土俵に立って説明しきれていないことに原因があるのかもしれません。リーダーになる人は、このサリバン先生のような忍耐が必要なときがあるのだと理解しておきましょう。

あなたは、タイムトラベラーです。三〇〇年前（西暦一八〇〇年代）の人間と遭遇しました。三〇〇年前の人に、現代にある品物や情報について説明し理解してもらうゲームです。

二名ずつでペアになります。一人が現代人。もう一人が三〇〇年前の人になります。

現代人役は、いま当たり前に存在しているもの、たとえば信号、持ち帰りピザ、空港のセキュリティチェック装置、スマホ、などの中から一つを選びます。そして、三〇〇年前の人を相手に理解できるように伝えてください。三〇〇年前の人は概念がわからない前提でわかるまで何度も質問してください。さて、うまく伝わったでしょうか。どのくらい時間がかかりましたか。

三〇〇年前の人物は、わたしたちと極めて異なる視点を持っているはずです。基本となるさまざまな概念から説明しないといけません。自動車を所有するとはどういうことか。三〇〇年前とは想像もできないほどの大量の肉を消費しているとはどういうことか。まず時代背景や文化や概念を説明することから始めなければ何も伝わりませんね。グローバル時代に、異なる文化や生活習慣の相手の気持ちを理解しようとする練習にもなるでしょう。

参考図書

『自分を生きてみる』千宗室

裏千家家元が、自らの人生の糧となった禅と茶道の教えを元にして、学生に向かって一期一会の心得を説いた本。茶道のしきたりから、人生の生き方へ敷衍されて、人と人のつながりなどをよく見つめ直すように諭しています。

「自由と野放しは違いますからね。（中略）大切なのは、「やるぞ」という気持ち＝求道心」「やるぞと思った時は、その人にとってとても尊い瞬間なんですよ」

初めて何かを決意したときに、すでにいちばん正しいところにいるのだから、その自分の決意を信じて、継続しなさいと家元は言います。

「言ってみれば、池に小石を放り込んだ時のようなもの。池に石を放り込んだら、放り込んだところを中心に、同心円が広がっていくでしょう。同心円はじわじわと広がって、最初の円は細かくせわしいのが、外に行くほど、ゆったり、ゆったり大きな円になっていく。立つ波紋の姿は変わっても、始点から続いているのに変わりはない。そうやって人間の幅ができていくんです」

やるぞという決断が真実のものなら、自分がやろうとしていたことから遠ざかりはしません。これがその人の軸になります。

プロと言われるには日々鍛錬をして一万時間以上積み重ねることが必要と言われます。毎日三時間として一年でおよそ一〇〇〇時間。一〇年間毎日続けて一万時間です。

情のあるリーダーになるという求道心を持ったその瞬間から、旅は始まります。決して平坦な道ではないと思いますが、自分の決意を信じて継続し続ける。覚悟を決めて「やるぞ」と思ったのなら、そこから遠ざかっていくことはありません。

『氣の呼吸法』藤平光一
『動じない』王貞治／広岡達朗／藤平信一

藤平光一さんは心身統一合氣道会の創始者で、天地自然との氣の交流を盛んにし、生命力を盛んにする最高の健康法としての呼吸法をあみだしました。この氣の呼吸法は野球の広岡達朗さんや王貞治さんが実践していたことで有名です。ご子息の藤平信一さんと広岡さん、王さんが共著の『動じない』という本を読んで、この呼吸法のことを知り、自分も動じない人になりたくて、自分なりに実践して心をしずめています。

氣の呼吸法は、以下の四つを大原則としています。

❶臍下の一点に心をしずめ統一する
❷全身の力を完全に抜く

❸身体の総ての部分の重みを、その最下部におく
❹氣を出す

この四つそのものが目標なのではなくて、天地自然と一体になるための具体的な方法ですから、どれか一つでもいいのだそうです。このうち❶の臍下の一点に心をしずめるというのが役に立っています。臍下丹田という言葉がありますが、その中のさらに一点に心をしずめていく。二分の一、二分の一と折りたたんでいくように小さく折っていくイメージです。「無限小に集約していく動の極致が静であり、これが正しい意味での臍下の一点です」と著者は言います。焦ったり、慌てたりしたときに、心をしずめるのに活用しています。「頭にきた」という表現がありますが、あせったり慌てたりしているときは、頭に血が上っているか、胸がどきどきして呼吸が浅くなっています。こういう自分に気がついたら、すぐに自分の心をつかまえて、臍下の一点に向けて、二分の一ずつ折っていきます。無限小までどこまでいっても止まらずに折り続けます。

こうしているうちに、腹が据わる、動じない、というどっしりとした感覚が生まれてきて、背筋もさらに伸びます。

ストレスという外界の刺激そのものが心身に直接のダメージを与えるのではなくて、無意識の自分の心がゲートになっていることがわかっています。自分の心、すなわち意や情を鍛えることは、外界のストレスにも負けない自分をつくることにつながります。リーダーを目指す人は、自分なりの心のしずめ方を見つけて普段から実践するようにしておくとよいでしょう

コラム

マインドフルネス

最近、マインドフルネス（mindfulness）という言葉をよく聞きます。これは、パーリ語のサティ（sati）の英訳で、日本語では念《ねん》や気づきと翻訳されています。ストレスフルな外界だけではなく、自分の内面を静かに見つめるプロセスを指します。リーダーは、ストレスフルな状況の中でも動じない精神が求められます。自分なりのマインドフルネスを開拓しておくことが有益です。わたしも十五分ほど時間のあるときに、静かな環境で軽く目を閉じて座ります。目の前にさらさらと小川が流れているのが見えます。小川のほとりに座って、自分の呼吸に注意を払っているだけの時間。さまざまな雑念が浮かんできます。ストレスの元凶になっている事柄が浮かんでくると、小川に流れてくる葉っぱの上にそっとその事柄を載せます。嫌な事柄が、小川を流れ下っていくのがはっきりと見えます。これでもう大丈夫。オンとオフを切り替えて、再び仕事に戻るのです。

第9回　課題図書

『オセロー』ウィリアム・シェイクスピア

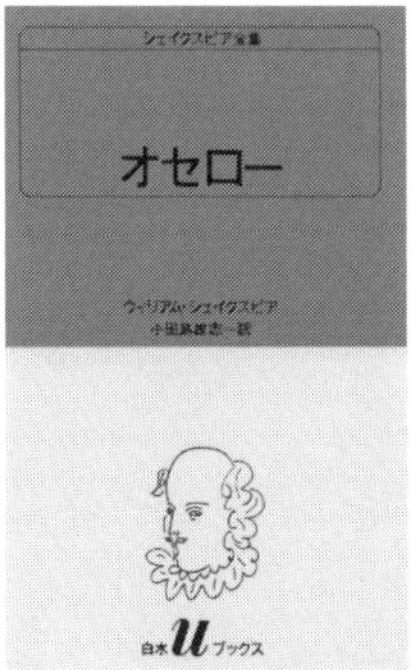

概要

ヴェニスの軍人でムーア人であるオセロー将軍は、白人美女デズデモーナと愛し合い、彼女の父親の反対を押し切って駆け落ちします。オセローを嫌っている旗手イアーゴーは、口八丁手八丁でまったくのつくり話をいかにもそれらしくオセローに思い込ませるのに成功します。そのため、立派な将軍オセローは嫉妬に苦しみ自らを見失ってしまうのでした。

オセローは、イアーゴーにふきこまれたとおり、妻が不貞をしたと信じ込み貞節な妻デズデモーナを殺してしまいます。しかしイアーゴーの妻でデズデモーナの侍女でもあるエミリアは、すべては夫イアーゴーの奸計であることを告白します。イアーゴーは妻を刺し殺して逃走しますが捕えられます。オセローは信じるべき人を間違えた心からの反省と無実の妻を手にかけてしまった深い嘆きとともに自らの命を断ちます。シェイクスピアの四大悲劇のうちの一つです。

「お気をつけなさい、将軍、嫉妬というやつに。

こいつは緑色の目をした怪物で、人の心を餌食とし、それをもてあそぶのです」

この有名なセリフのおかげで、自分の心に嫉妬が芽生えたときにそれが緑色の目をした怪物に見えるようになりました。

オセロー将軍が大嫌いなくせに、いかにもオセロー忠義の一途な部下だと演技をする。わざと反対のことをアドバイスして忠義面をしてみせる。気をつけなさいよと言った口で、嫉妬をあおるような奸計をつぎつぎと繰り出すイアーゴー。

情のあるリーダーの周囲にもイアーゴーのような人はいるかもしれません。

オセロー将軍は、なぜ、やすやすと奸計にたぶらかされてしまったのでしょうか。

どうしたら、自分が嫉妬に翻弄されずにすむでしょうか。

考えてみよう

▼自分自身が、他人に嫉妬したケース、憎しみを抱いたケース、コンプレックスを抱いたケースを思い出し、自分は「何に」弱いのかを自覚しましょう

▼オセロー将軍は、なぜ、だまされたのでしょうか？

ヒント

1 自分は何に弱いのか？

他人に嫉妬したり憎しみを抱いたりするのは、自分の弱点の裏返しを他人に見るからです。コンプレックスを抱くのは、自分の自信のなさの現れといえます。弱点は一人ひとりで違うものですから、自分はどんなことが弱点なのかを真正面から見つめましょう。

ただ、人間にはそういう弱点はあるのが当たり前です。弱点が自覚できたら、防御方法

も考えることができます。

オペラにもなったドイツの英雄叙事詩『ニーベルンゲンの指輪』に出てくる勇者ジークフリートは、倒した竜の血を浴びて無敵の体になりました。ただ一箇所、菩提樹の葉が貼りついていた箇所を除けば。後日、ジークフリートを倒したい一団は奸計をめぐらせ、ジークフリートの妻から菩提樹の葉の貼りついていた箇所を聞き出し、ジークフリートを倒したのです。

弱点はただ隠すのではなく、突かれても守れる方策をあらかじめ築いておくことが有益です。そのためには本物の自信を身につけるようにすること。他人と比べない自分をつくることが先決です。そうすれば、自分の弱点を突かれても、人に嫉妬したり憎しみを抱いたりすることがなくなります。自信がない、自己効力感がないという人は、小さな目標を立てては達成するという経験を積みましょう。できれば自分のためだけではなく、他者のためになる目標を達成してみてください。気がついたら本物の自信がついているはずです。

2 オセローはなぜ簡単に騙されたのか

シェイクスピア作品を全訳している小田島雄志さんが若い読者向けに書いた入門書『シ

ェイクスピア物語』に、イアーゴーの言葉に翻弄されるオセローの心理が次のように描写されています。

「気も狂わんばかりになったオセローをだますのは、もはやイアーゴーにはかんたんなことだった。彼はオセローに、キャシオーがきたらデズデモーナのことを話しかけてみるから、ものかげからあの男の様子をよく見ているように指示した。

そして彼は、キャシオーにビアンカの話をしかけた、『あの女はあんたが結婚してくれると言いふらしていますよ。』『ハッ、ハッ、ハッ』とキャシオーは笑いとばした。

それを見てオセローは、勝ち誇って笑っているな、と思った。

キャシオーは自慢した、『あの女、ついこのあいだもののこのこやってきて、こうやっておれの首にしがみつきやがった――』オセローは、デズデモーナがそうやってキャシオーに抱きついたのだな、と思った。」

『藪の中』で、〝蔑みの眼〟というものは実際に存在していないのだと学びました。自分自身が、「相手が蔑んでいるに違いない」と勝手に思い込むからこそ、そう見えるだけなのです。

このオセロー将軍の悲劇もここにあります。

オセローは、事実を確認することなく、まったくの思い込みで、勘違いをしているわけです。キャシオーたちが「あの女」と言っているのは娼婦のビアンカのことだったのに、遠くから見ていたオセローは自分で勝手にデズデモーナのことだなと決めつけました。この主観的な思い込みから悲劇が始まってしまいます。オセロー将軍が一言、デズデモーナ本人か侍女に確認すれば避けられた悲劇だったかもしれません。情のあるリーダーを目指すのであれば、主観的な思い込みの罠にかからないよう、自ら事実を確認する習慣をつけたいものです。

もう一つ大事なことは、孤立しないことです。

孤独と孤立は違います。リーダーは孤立してはいけません。軍事には強い自信がありながら、美女デズデモーナが肌の色の違うムーア人である自分を愛してくれるなんてやはり信じられない、という自信の弱さがありました。それゆえにオセローは部下たちから孤立してしまいます。孤立した将軍にただひとりの理解者という忠義面を見せて近づいてきたのがイアーゴーだったのです。リーダーには、自分の損得勘定だけで近づいてくるフォロワーもいるかもしれません。オセロー将軍の悲劇を招かないためにも、リーダーは孤立しないようにすることです。リーダーにはなかなか本音が届きにくくなるものです。そのことに気づけば、苦言を呈する人脈も、耳に痛い諫言を言ってくれる人も大事にすることができます。

「自分は他人を嫉妬しないから大丈夫」という人も気をつけてください。嫉妬心がないという人の中には自己愛が強すぎる人もいます。自分だけを見ている人は、他人の嫉妬に鈍感です。自分は嫉妬しないけれど、他人からは嫉妬されて足を引っ張られるということもあります。自分の言動が他者の嫉妬心を招かないかを指摘してくれるメンターを見つけておきましょう。自分自身が気づかない点を指摘してくれる「ジョハリの窓」の〈エクササイズ〉ができる仲間を見つけておくことも大切です。

エクササイズ

自分の価値観を見つめよう

価値観は、人生そのときどきの写真のようなものです。一瞬を切り取った静止画のようなもので、何か大きな出来事があると変化し一生不変のものではありません。

ときどき立ち止まって、いまの自分の価値観を見つめ直してみましょう。価値観に沿った生き方をしていると毎日の満足感が違います。価値観に合わせるために、仕事のやり方や優先順位を少し変えてみるだけで、自分の満足感や充実感が異なってきます。

あなたにとって重要な価値観を次のリストの中から一〇個くらい選んで○で囲み、そのうち最も重要な五つを選んで次欄に書き出してください。

価値観とは別に「行動哲学」というものがあります。同じ価値観を持つ人同士であっても、さらに奥深くにある行動哲学によって行動への現れ方が異なります。「自分と同じ価値観の人だ」と思って結婚しても実は違うこともあります。それは行動哲学が違っていたのかもしれません。

「同じ価値観」だからわかりあえるものとは限らないのです。行動哲学については、次の〈コラム〉で詳しく扱います。

合理性	自尊心・プライド	象徴主義	最上志向	責任感
尊敬	独立	収集心	名声	協力・チームワーク
バランス	ポジティブ	学習欲	着想	内省
裕福	論理	原点思考	自制心	正直
信頼	成長促進	率直さ	地位・権威	秩序・統制・規律
分別	認められる	有能	礼儀正しい	幸福
未来志向	活発性	競争	社交性	コミュニケーション
自然	宗教	真実	精神性	想像力
楽しみ・快楽	丁寧さ	平等	満足	友情・親密性
リスク・冒険	権力・指令	慈愛	自由	自律
信念	アレンジ	自己確信	運命思考	個別化
誠実	創造性	分析思考	挑戦	美
誇り・矜持	勇気	喜び	健康	国家の安全
社会の改善	所属	成功	選択の自由	サポート・貢献
信念	能率・効率性	目標志向	野望	ゆとり
慎重さ	心躍る生活	従順	勝利	清潔
節度	達成欲	知性	独立独歩	平和・安定・平穏
優しさ	実用性	几帳面	快活	家族の幸せ
許容	快適な生活	環境への順応	業績	思いやり・共感
革新性	救済	経済の安定	愛すること	愛してもらうこと

現在の自分の価値観トップ5

1位	
2位	
3位	
4位	
5位	

コラム

行動哲学

リーダーシップスタイルにも行動哲学が反映されると言われます。

行動哲学は、大きく三つのタイプに分けられます。優劣はありません。どの人もこれら三つを持っていますが、人によってこれらの割合が異なるのです。いちばん多い割合を占める行動哲学が、その人の無意識の行動のベースとなっています。

❶実利的哲学　「有用性」こそが価値を決める基準だと考える。人生とは大半が自己責任に帰すると考える。ものごとの価値を数字で測ろうとする。自己管理力に優れている。功利主義、実用主義、結果主義に根ざしていると思われる。

❷知的哲学　世界がどう動くかをイメージして先を読み、心の準備をしておこうとする。論理に基づいて意思決定をする。ものごとの価値は、合理的なガイドラインに照らし合わせて評価する。認知的能力に頼り、社会的能力はあまりない。合理主義に根ざしていると

思われる。

❸人間的哲学　親密な人間関係こそが人生に意味を与えると考える。家族や親友を、ほかの人間関係よりも重視する。活動の意義は、自分の大切な人間関係にどう影響するかで決める。どの人も等しく重視しようとして、なかなか決断できないことも。決定に時間がかかる。人道主義、共同体主義に根ざしていると思われる。

重要な価値観として「家族の幸せ」をあげたAさんとBさんがいます。

Aさんは、「家族が大事だから」週に五日出張し、共働きの妻や子どもと離れて暮らすこともあります。そのぶん、家族のために十分なお金を稼いで、贅沢な暮らしを妻や子どもが享受できています。

Bさんは、「家族が大事だから」毎晩妻や子どもと夕食をとるために、昇進を断り、給与は上がりません。そのぶん贅沢な暮らしはできません。

AさんとBさんの行動の違いは、何に基づいていると思いますか？

「家族が大事」という意味は、Aさんにとっては、「家族を支える」と言うことであり、具体的には、「広い家に住めている。妻も社会に貢献できる大事な仕事を続けることができている。子どもたちは最高の私立学校に通わせることができている」これを行動の原動力にしているのですね。プラクティカルな行動哲学❶に準拠していると考えられます。

「家族が大事」という意味は、Bさんにとっては、「週に六日は家族とともに夕食がとれること。なんでも家族と一緒にやるし、もっと大事なのは〝わたしたち〟がやりたいことをやれること」これこそが行動の原動力なのです。ヒューマニズムな行動哲学❸に準拠していると考えられます。

同じ価値観であっても、その意味するところや定義が人によって異なることがあります。それは、その人の根底に流れる人生哲学や倫理観などの「行動哲学」に準拠しているのです。

第10回　課題図書

『アルケミスト』

パウロ・コエーリョ

概要

アンダルシア平原に暮らす羊飼いの少年サンチャゴは、ある日宝物の夢を見ました。夢で見た宝物を得る目的で、エジプトのピラミッドに向けて旅に出ます。到着したエジプトで泥棒に有り金を全部盗られ一文無しになりますが、故郷に戻らず、クリスタル商人の店で働き始めます。夢を諦めずに新しい販売方法を取り入れてお金を稼ぎます。そして旅に戻り、旅の途中で錬金術師（アルケミスト）に出会い、錬金術を覚え、風や太陽と話せるようになり、目的のピラミッドに辿り着きます。しかしそこでも盗賊によって瀕死の目に合わされてしまいます。そうして戻ってきた故郷アンダルシアの教会で、ついに夢で見た宝物の箱を見つけるのです。一人の羊飼い少年の成長物語という体裁をとりながら、全編メタファーとして読者一人ひとりの置かれた状況に置き換えて読むこともできる物語です。


サンチャゴ少年の周りにはいろいろな大人が現れます。

セイラムの王様メルキゼデックからは、ウリムとトムミムという白と黒の石をもらいました。前兆を読めなくなったときにこの石が助けてくれる、と。

夢を解釈してくれたジプシーの老女には、宝物の十分の一を渡す約束をしました。

エジプトで知り合ったやさしい親しげな若者は、言葉巧みにサンチャゴの所持金のすべてを巻き上げていきました。

「マクトゥーブ（それは書かれている）」という言葉を教えてくれたクリスタル商人は、若い頃に見た夢を諦めてしまった大人でした。

旅で一緒になったイギリス人は、〝賢者の石〟を探しているのに、砂漠を見ずに本ばかり読んでいました。

サンチャゴが結婚したいと思った砂漠の女性ファティマは、「もし私が本当にあなたの夢の一部なら、あなたはある日私のところへ戻ってくるでしょう。あなたの夢を求めて出発してください」と言ってサンチャゴを夢に向かって送り出します。

そして、疲れ切り、心が萎え、夢を諦めようとしたサンチャゴを諭す錬金術師（アルケミスト）がいます。

「なぜ、人の心は夢を追い続けろと言わないのですか？」と問うサンチャゴに対しての答えは「それが心を最も苦しませることだからだ。そして心は苦しみたくないのだ」

「もし、自分の運命を生きてさえいれば、知る必要のあるすべてのことを、人は知っている。しかし、夢の実現を不可能にするものが、たったひとつだけある。それは失敗するのではないかという恐れだ」


いろいろな読み方ができる本です。サンチャゴはピラミッドを見たいからアフリカ大陸に渡りました。ペンギンが見たかったら南極大陸にわたったことでしょう。これを就職にたとえることもできます。仕事を選ぶ際に、何かの目的があってその大陸にわたるのかどうか。サンチャゴがアフリカに着いて有り金を巻き上げられたように、期待した仕事に就けてもつらいことが起きるかもしれません。そうなったとき、自分はどうするか。泣いて故郷に帰るか。クリスタル商人のもとで新しい販売方法を編み出したサンチャゴのように、そこに踏みとどまって新しい自分の境地を切り開くか。このように、さまざまな出来事を自分にあてはめて、自分がサンチャゴだったら、この場面ではどうするかを考えながら読むことが自分自身を知ることにつながります。

考えてみよう

▼「スプーンの油を忘れない」とはどういうことか？
▼最後の宝物を見つけた後、サンチャゴは、二度と会えないメルキゼデックを思い出させる石、ウリムとトムミムを箱の中に置きました。この後サンチャゴはどうするでしょう？

ヒント

1「スプーンの油を忘れない」

いい言葉です。わたし自身も、忘れないようにしているエピソードです。

幸福の秘密を教えてもらいたいサンチャゴは世界でいちばん賢い男に会いにいきました。賢者は、宮殿をあちこち見て回り二時間したら戻ってくるよう命じます。「その間、君にしてもらいたいことがある」と、二滴の油が入ったティースプーンをサンチャゴに渡しながら賢者は言うのです。

「歩き回る間、このスプーンの油をこぼさないように持っていなさい」。サンチャゴは、スプーンの油をこぼさないために必死で気をつけていたので、宮殿を歩き回りながら何も見ませんでした。そこで賢者は言います。「では戻って、わしの世界の素晴らしさを見てくるがよい。彼の家を知らずに、その人を信用してはならない」。サンチャゴは今回は宮殿のすみずみまで見て回ります。しかし戻ってきたときに、スプーンの油はどこかへ消えてなくなっていました。「では、たった一つだけ教えてあげよう」と、その世界でいちばん賢い男は言うのです。「幸福の秘密とは、世界のすべての素晴らしさを味わい、しかもスプーンの油のことを忘れないことだよ」。

スプーンの油＝「夢」を念頭に置きつつ、しかも、目の前の人生を精一杯生き切る。簡単なようで難しい。難しいからこそ、両方を達成できる人が少ないとも言えます。

iPS細胞でノーベル生理学・医学賞をとった山中伸弥先生は「これでノーベル賞はわたしにとって過去のものとなりました」と言っています。過去に安住せず、あらためて夢を追いつつ現在を生き切ろうとしている姿勢にしびれました。

2 宝物を見つけたらどうするか

ゼミでは、ジプシーの老女に約束した十分の一の宝物を渡しに行くという回答が最も多かったのですが、見つけた宝物を自分のものにして、そこから十分の一をとって渡す、という回答は再考してもらいました。

宝箱の中身は、きっと大昔から、サンチャゴのような少年が見つけ、ウリムとトムミムのように自分の宝物を加え、将来のサンチャゴのために埋め戻していたもの、とわたしは考えたいです。ジプシーの老女への約束は、自分の力で稼いだお金で果たすという矜持がほしいとも思います。情のあるリーダーを目指す人は、自分のためだけに自分の力や宝物を使うのではなく、フォロワーのために、部下のために、自分の力を使える人です。

サンチャゴになったつもりで旅を振り返ってみましょう。少年は「自分のため」に宝物を探す旅に出ました。その中で、お金を盗られる不条理に出会い、それでも泣いて家に戻ることをせず、新しい生き方を模索し、お金を貯めてもとの夢を追い続ける道に戻りました。そうした苦難を乗り越え、サンチャゴは気がつけば錬金術師になっていたのです。砂漠と風と太陽と対話をし、鷹の軌跡を読める。ファティマの愛情を得て、痛い目にも遭いながらも探していた宝物を見つけました。

彼自身が力をつけ、成長して帰ってきたのです。もう出発したときのような非力な少年ではありません。宝物箱に入っているものの何倍もの宝を生み出せる力を持っています。この成長こそが彼が得た宝物なのです。この上さらに、宝箱の宝物を自分のものにしてしまったら、将来自分のように旅をする少年が見つけるべき宝物はなくなってしまいます。それでも、見つけた宝物を自分のものにするでしょうか？　成長した自分にはもうこんな宝物はいらない、これは将来のサンチャゴ少年にとっておいてあげよう、ジプシーの老女には自分が働いて得たお金で御礼をしよう。そう思うのではないでしょうか。

本物の自分の力、本物の自信を身につけることは素晴らしい宝物を身につけることです。

情のあるリーダーを目指すなら、サンチャゴ少年の憧れるような人になりましょう。そうして、一人でも多くの次世代のサンチャゴ少年を目的に向かって送り出してほしいものです。

ゼミナール

自分を伸ばす領域を探す

自分を伸ばす領域を知っていますか。与えられた仕事を一〇〇点満点に仕上げたら、上司は満足するでしょう。しかし、一〇〇点満点の仕事で一二〇点に仕上げたら、上司は感激します。一〇〇点満点で一二〇点を目指し、上司を感激させましょう。

そのためには、自分が心から興奮や期待を感じていて、かつ、自分が得意とする分野、他人より秀でている分野を正しく把握しておく必要があります。そこに投資をしましょう。

部下を育てる上司としては、太平洋戦争時に連合艦隊司令長官を務めた海軍軍人、山本五十六の言葉が役に立ちます。

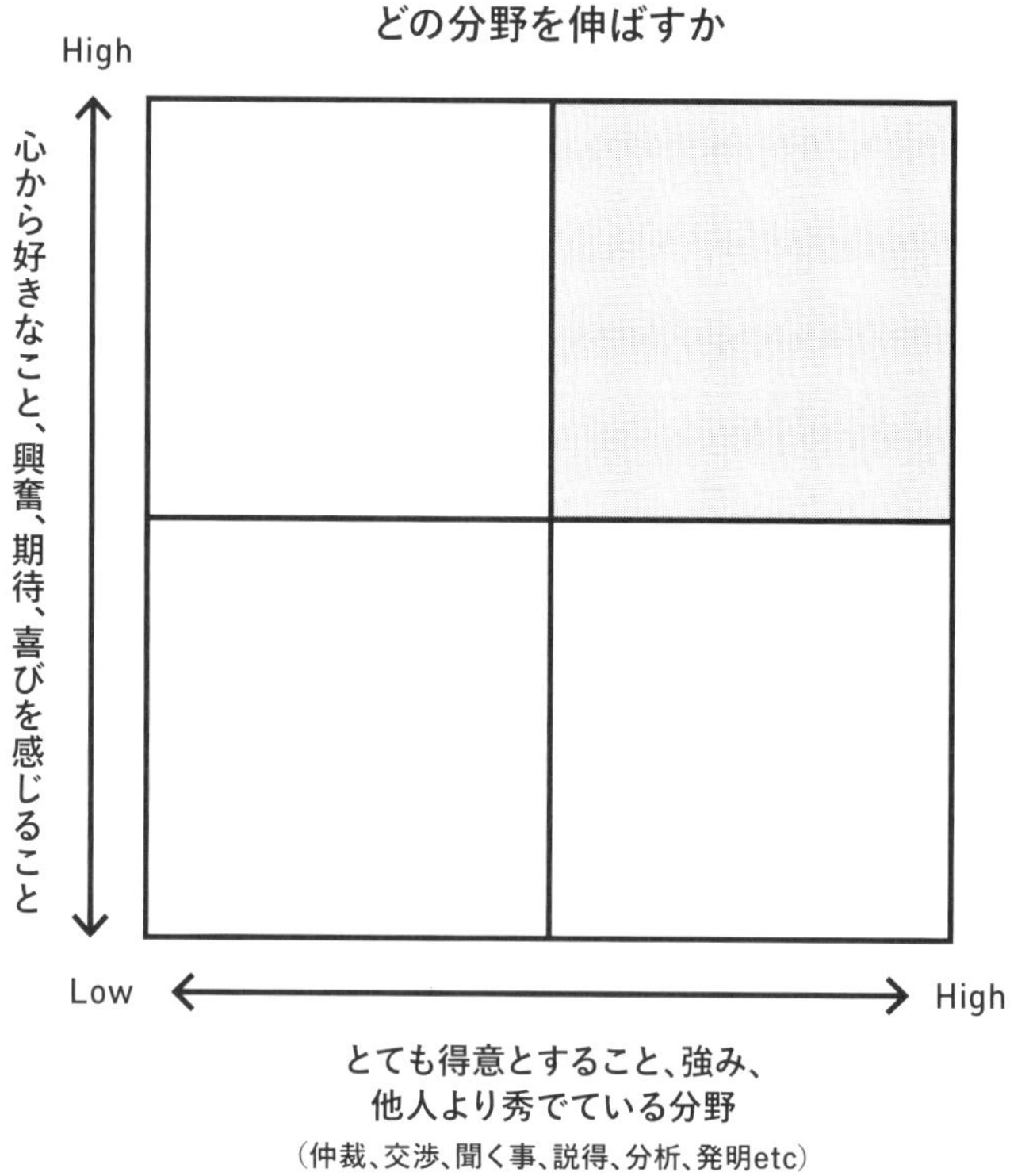
どの分野を伸ばすか
High
心から好きなこと、興奮、期待、喜びを感じること
Low
High
とても得意とすること、強み、
他人より秀でている分野
（仲裁、交渉、聞く事、説得、分析、発明etc）

「やってみせ　言って聞かせて　させてみて　ほめてやらねば　人は動かじ
話し合い、耳を傾け、承認し、任せてやらねば、人は育たず
やっている、姿を感謝で見守って、信頼せねば、人は実らず
苦しいこともあるだろう　言い度いこともあるだろう　不満なこともあるだろう
腹の立つこともあるだろう　泣き度いこともあるだろう
これらをじっとこらえてゆくのが　男の修行である」

これは男性の修行だけではなく女性の修行でもあり、親の修行にも当てはまる言葉です。各自の自分を伸ばす領域や強みは異なるもの。部下や子どものそれぞれの強みを把握しておき、一〇〇点満点で一二〇点の成果や業績が出せるようにリードすることがますます必要になってきました。まず自分が手本になりやってみせる。その意義や目的を言って聞かせて納得させる。部下に主体性を持たせてさせてみる。その結果が思うようでなくても努力を認める。そうしないと人は主体的に動きません。話し合い、相手の言うことを聞き、承認する。小さなパートでも責任を負わせ任せないと、人はいつまでも受け身でいて成長しないものです。成果が自分の思いどおりにいかなくても、一生懸命がんばっている姿勢

を見守り、信じ抜くことが、人を成熟した大人にしていきます。

コラム

約束は自分自身とするもの

小さい頃、約束は親や教師とするものでした。これからは、自分自身と約束する習慣をつけたいものです。自分との約束を守らなかったとき、知っている人がほかに誰もいなくても、自分だけは約束が守られなかったことを知っています。自分との約束を破り続けると、自分はこんな小さな約束も守れない人間なんだと自分への自信を失ってしまいます。

あの人は誰も見ていなくても自分が口にした約束を守るリーダーだと、フォロワーは見て評価しているはずです。「意志＝意図×行動」です。他人は、あなたの行動する姿を見て、あなたを意志ある人だと評価するのです。

「約束は自分自身とするもの」を実行すればするほど、自分への自信と他者からの信頼が深まります。

第11回　課題図書

『粗にして野だが卑ではない』

城山三郎

概要

この本は、三井物産社長であり、第五代国鉄総裁であった石田禮助さんのことを書いた本です。自分のことを「気分はヤング・ソルジャー、心はウォーム・ハート」と言っていた石田さん。若いうちから大変な読書好きだったそうです。彼が国鉄総裁になり、初めて国会に登院したとき、代議士たちを前に言った言葉が「粗にして野だが卑ではないつもり」というセリフでした。石田さんの心意気を示す言葉であり、彼は長い人生を、ほぼそのとおりに生きました。一人のリーダー像を明示した本として読んでもらいたい本です。

石田さんは「ワンダラー・マン」という精神を持ち続けました。「政府に頼まれたり、社会事業に手を貸したり、公職として給与が出ても、形式的に「一ドル」を受け取るだけ。ワンダラー・マンと呼ばれる、そういう男たちがいることが、石田には強い印象になって残った」儲けること、出世することだけではなく、筋道のあざやかな生き方を石田さんは求め続けていました。

「総裁の実際の仕事としては、いやなこと、総裁でしかできないことだけをやり、決断はするが、実務はすべて副総裁以下に任せる。弁解はしない。責任はとる。それは、これまでの長い支店長生活で一貫して取り続けてきた姿勢でもあった」

「情」や「意」を強く鍛えていないうちに、いきなり権力を握ってしまうと自分だけの利益のために権力を使いがちです。これは石田禮助さんに言わせると「mean（ケチ、しみったれ)」、心ばえの卑しい権力ザルにすぎないということです。情のあるリーダーを目指すのであれば、これから取ろうとする行動が私利私欲のためでないか、「卑」ではないかと確かめる習慣をつけたいものです。

考えてみよう

▼ワンダラー・マンの精神とはどういうものでしょうか
▼筋道のあざやかな生き方、とはどういうものでしょうか

ヒント

1 プロフェッショナルとは

石田さんは、人生の晩年はパブリックサービスに当てるべきだと、考えていました。「政府に頼まれたり、社会事業に手を貸したり。公職として給与が出ても、形式的に一ドルを受け取るだけのワンダラー・マン」の存在を、若い頃アメリカで知ったからです。

これは、報酬がたったの一ドルだから偉いということではありません。一ドルでも報酬である。報酬をいただく以上は、プロフェッショナルの仕事をしなければならない。そのプロフェッショナル精神を、石田さんは印象深く思ったのでしょう。

わたしの昔のボスもこういう精神を持った上司でした。わずかな報酬で（何万ドル相当の）プロのアドバイスをするパブリックサービスをときおり引き受けていました。プロは自分の力に対して報酬を得る存在です。報酬を用意されたということは自分の力を見込まれたということですから、一ドルでもいただいた以上は手を抜いてはいけない。それがプロフェッショナルだと教わりました。矜持という言葉の意味を知りました。

約束は、自分自身とするものです。誰も見ていなくても自分が見ています。そして、しっかりと手を抜かずに行動しているその背中を、きっと誰かが見ています。リーダーの仕事は、フォロワーよりも激務で、努力のわりには見返りも少ないかもしれません。それでも、手を抜かないでリーダーとしての務めを果たすことが、自分への誇りにつながります。

余談ですが、日本は、目に見えない「知」とかアドバイスに対しての敬意が低いし、目に見えないものへの報酬が少ない文化であることが気になります。研究開発とか、最先端の知は、多くの時間と失敗の積み重ねから生まれた知恵のかたまりにほかなりません。そのことをしっかりと理解し、目には見えない背景に敬意を表すことが、研究開発を推し進めるのではないでしょうか。情のある成熟した人に育ててくれる一助にもなります。

2 何を学び、誰とつながり、何を捨て、何を選び取ったか

石田さんは初登院の際に「嘘は絶対につきませんが、知らぬことは知らぬと言うから、どうかご勘弁を」と言い、さらに「国鉄が今日のような状態になったのは、諸君たちにも責任がある」と代議士に向かって痛烈な文句を口にします。これは「国会議員職はパブリックサービスそのもの。国鉄総裁のわたしもパブリックサービス。率直に話し合える仲だ」と考えたからであり「同士として本当のことを言ったまで。一緒になって改めるべきは改めようと訴えたつもりであった」。

そして、活性化のために、まずは総裁室のドアをオープンにします。秘書を通さず、また秘書を立ち会わせず、誰でも、いつでも、話し相手になりました。「それまでは、秘書課で質問内容までチェックし、簡単には会えないしきたりであった」ものを一八〇度変えてしまいました。心からの真っ直ぐな信念を、口先だけではなく即、行動に移す生き方は若いうちから晩年まで一貫していました。

情のあるリーダーは、「知」のみならず、「情」と「意」も高いレベルで持っている人です。己を知り、「意」を鍛える過程で自分というものが確立するにつれ、自分の軸が定まってきます。どのような人間になるのかは、何を学び、誰とつながり、何を捨て、何を選び取ったかという生き方の積み重ねに拠ります。漫然と生きるか、意を持って生きるか。それは大きな違いを生みます。『二番目の悪者』で触れた付和雷同の生き方にならないためにも、自分とはどういう人間か、自分の強みは何か、自分は何が得意で、何で貢献できるかをいつも意識していることが大切です。

フォロワーが、リーダーに求めるものは、安定や希望や思いやりだけではありません。リーダーへの信頼や尊敬を求めています。その「信頼」「尊敬」はリーダーの人間としての軸、リーダーの生き方の筋道に寄せられるのではないでしょうか。石田さんの筋道は当時の時代背景の中でまっすぐ一本に通って輝いていました。マックス・ウェーバーはこのように言っています。

「権力は、売り買いができる。奪ったり、与えたりもできるもの。
権威は、それができない。人間として備わっているもの。人間性、性格」

石田さんのようなmeanではない生き方、筋道の通った、権威のあるリーダーを目指したいものです。

ゼミナール

マネジャーとリーダー

リーダーは、よりよい未来に向けて、具体的なビジョンを描き、人々を一致団結させることができる人です。みんなを同じベクトルに合わせ行動させることができます。マネジャーは、部下を導き、成長させ、部下の才能をチーム全体の業績に結びつける人です。

一人の人の中に、これら二つの面が同居していることもあるでしょう。部下の育成には興味がなく、ひたすら未来を見つづけ、あそこへ向かうんだと鼓舞するリーダーもいるでしょう。逆に、未来のことよりも目の前の部下の育成、成長、成功のほうにずっと関心があるという人もいることでしょう。人それぞれです。ただ、組織に入ると三〇代半ばくらいからマネジャーの責任を負う人が増えます。そこで慕われ、信頼され、尊敬されるマネジャーになり業績をあげないと、更にトップの地位には到達できません。組織においては、リーダーであるトップマネジメントとしての視点を持ちつつも、まずは現場における優れたマネジャーになることが求められると言えます。

優れたマネジャーとは？

突き詰めれば、チームの業績をあげることがマネジャーの責任です。

では、みなさんならどうやって業績をあげますか？

二〇世紀のヒエラルキー型組織は昔の軍隊がモデルです。上意下達、右向け右。何も考えなくていいから言われたとおりに行動せよ。このタイプのリーダーシップでは、一丸となるための効率性（efficiency）には優れているかもしれません。成長期の市場において、すでにあるものを改良する仕事には向いていたでしょう。日本はこのやり方で高度経済成長を遂げました。しかし、あらゆるものが成熟した二一世紀では、いままでにない新しいイノベーションや発見を生み出す力が求められます。従来のプロセスにしばられず個人のやり方によって成果をあげること（effectiveness）。しかも第1回でも述べたように、イノベーティブな発想をするチームにするには、一人の天才を求めるのではなく、多種多様な人材をそろえることが必要となります。これからのマネジャーは、部下一人ひとりの個性や強みを理解し、活かし、チーム全体のエンゲージメントを高めることができなくてはいけません。

二一世紀型の優れたマネジャーは、

❶組織の目指す目標、達成すべきゴールを明らかにし、部下一人ひとりに何を求めているかを明らかにします。期待値をはっきりと指摘し、会社のベクトルと個人のベクトルを合わせます。

❷部下一人ひとりの才能、能力、強みを見抜きます。部下がどういう仕事でどういう環境下で最もその能力を発揮できるのかを見極めます。そして、才能をますます磨いて強みにするよう指導します。

❸チーム全体の強みを把握します。足りないところをどう補完するか。チームメンバー同士の、チームに対する情熱、忠誠心、配慮を高めます。人は、「わたしを見て」「わたしの言うことを聞いて」「わたしは何の役に立っているのか教えて」という思いを必ず持つものです。優れたマネジャーは部下一人ひとりに向き合い、これらの思いに応えなくてはなりません。

❹❶〜❸のシナリオと部下一人ひとりのカルテができたら、後は、実行を見守り、適切なフィードバックをします。会えば「調子はどう？　何かできることはない？」という声かけも大事なことです。一カ月に一回は部下一人ひとりと仕事の進み具合や強みの活かし方をチェックしましょう。何かトラブルが生じたら、それは成長のグッドチャンスです。能力なども含めたフィードバックを行いましょう。通常は半年に一度パフォーマンスレビューを行うことが多いと思いますが、優れたマネジャーは半年に一度きりのフィードバックはしません。もっと頻繁に、仕事やスキルや強みにフォーカスしたフィードバックを行います。これら全部があってはじめてチームのエンゲージメントが高まるのです。

参考図書

城山三郎さんの作品から

城山三郎さんの著作は、筋の一本通った主人公を題材にしていて、どれも課題図書にしたいくらいです。今回は『粗にして野だが卑ではない』を課題図書にしましたが、読む時間があるならば、ぜひ読んでほしい本を挙げておきます。

『雄気堂々』

渋沢栄一さんの生き方を学べます。江戸時代から明治時代へ。まさに時代の変革期。価値観がすべて変わってしまう中で、ひるむことなく、各方面の改革を手掛けた渋沢栄一。何もないところに新しいものを生み出す恐怖を乗り越え、日本のために最先端のシステムを研究し、取り入れ、根付かせました。銀行、東京商法会議所、製紙、セメント、紡績、鉱山、ガス、電灯、海運、鉄道、織物、牧畜、貿易、倉庫。会社というものをつくり、壊し、失敗し、それでもなお日本の経済の発展のために尽くした渋沢栄一の人生を読んでみましょう。

『男子の本懐』

昭和五年（一九三〇年）に行われた金解禁。日本は世界に立ち遅れ金解禁に踏み切れません。そのせいで円の為替相場が動揺し、慢性的な通貨不足になっています。金解禁に踏み切るには強力な緊縮財政を行い、国内物価を下げねばならず、しかも国際競争力がつく日まで不景気にじっとガマンを国民に強いる政策をとらねばなりません。歴代内閣が必要性を認識しながらも、ことごとく先送りしてきた課題。それに立ち向かったのが、浜口雄幸と井上準之助です。井上を大蔵大臣に口説くときに「もっとも、この仕事は命がけだ。すでに、自分は一身を国に捧げる覚悟を決めた。きみも、国のため、覚悟を同じくしてくれないか」と言う浜口。首相になった後も、「もっともっと多数の国民のためになる方法はないかと、右からも左からも、上からも下からも考え抜くのだ」と言っていた浜口。それにもかかわらず、浜口も井上も、彼らが愛した国民の凶弾に斃れました。日本の近代化のために命を投げ出すことを、男子の本懐とまで言った男の生き方を読んでみましょう。

『落日燃ゆ』

A級戦犯のうちただ一人の文官、広田弘毅・元首相、外相。戦争防止に努めながら国の運命に流され、かつ一切の弁解をせずに従容として判決を受け入れました。外交官時代から、自分自身の出世のためよりも、国のために役に立つか立たぬかが問題と考え「自ら計らわぬ」生き方を貫き通しました。東京裁判の内幕とこれに対処した広田の揺るがぬ態度には人間の軸の強さが見えます。「日本のどこかに、静かに世界の動きを見る人がなければなりませんね」と死んでいった広田。夫の生き様を理解し、夫の未練を少しでも軽くしようと裁判の最中に自殺した最愛の妻。彼女が死んだ後も、妻あてに広田は獄中から手紙を出し続けます。

「翻訳して検閲を受ける便宜上、広田は手紙を片仮名で書いたが、その最後を『シヅコドノ』と結びつけた。その『シヅコドノ』の文字が見られなくなったとき、つまり広田が死ぬとき、はじめて静子も本当に死ぬ。生きている自分は死の用意をし、一方、死んだ妻を生きている人として扱う。幽明境を異にすることを、広田はそうした形で拒んだ」

こういう人が現代に生きていてくれたら、と思わざるをえない、その背筋の伸びた毅然とした生き方を読んでみましょう。

第12回　課題図書

『リーダーを目指す人の心得』

コリン・パウエル

概要

アメリカで、統合参謀本部議長、国務長官などを歴任したコリン・パウエル氏の本です。この方も背筋のピンと伸びた生き方で、部下に慕われていました。彼の素晴らしさの一つは、謙虚で素直に人から学ぶ姿勢です。出会った人からいろいろと学ぼうとし、自分が導いた人を奮い立たせようとしてきたのがよくわかります。大変厳しい職務を思い返しながら、行間に情が溢れていて温かな読後感が広がります。

そのパウエル氏が言います。

「式典の最後にリッコーバー大将がされた話は、いまも忘れられない。『物事をなすのは組織ではない。物事をなすのは計画や制度ではない。物事をなせるのは、人だけだ。組織や計画、制度は、人を助けるか邪魔するか、である』私は、このするどい言葉を胸に人生を歩んできた。……今の私があるのは、人生で出会った多くの人々のおかげなのだ」

思わず、「実るほど頭を垂れる稲穂かな」と感じ入りました。

コリン・パウエルの一三箇条のルールはとても有名です。

❶なにごとも思うほどには悪くない。翌朝には状況が改善しているはずだ
❷まず怒れ。その上で怒りを乗り越えろ
❸自分の人格と意見を混同してはいけない。さもないと、意見が却下されたとき自分も

地に落ちてしまう

❹やればできる

❺選択には細心の注意を払え。思わぬ結果になることもあるので注意すべし

❻優れた決断を問題で曇らせてはならない

❼他人の道を選ぶことはできない。他人に自分の道を選ばせてもいけない

❽小さなことをチェックすべし

❾功績は分けあう

❿冷静であれ。親切であれ

⓫ビジョンを持て。一歩先を要求しろ

⓬恐怖にかられるな。悲観論に耳を傾けるな

⓭楽観的でありつづければ力が倍増する

リーダーにはさまざまな形があります。自分自身の強みを活かし、「知・情・意」を高いレベルで磨いた人のリーダーシップを目指す人にとって、パウエル氏の本は、リーダーの素養、土台を築くうえでとても有益です。

考えてみよう

▼感銘を受けたところはどこですか？
▼人を動かすとはどういうことでしょうか？

ヒント

1 印象に残った小さなエピソード

パウエル氏が思わずハッとしたのは、ブラジルからの青少年親善大使を迎え、その後六カ月ほどたった後ブラジルを訪問した際に、そのときの子どもたちに米国滞在についての印象をたずねたときの話です。一人の女の子が、最も印象深い経験は、連邦議会の議員や省庁の長官など数多くの有力者に会ったことではなくて、シカゴのレストランの店長だったと発言します。

「シカゴのレストランに一〇人のブラジルの子どもたちが食事をして代金を払おうとしたらお金が足りないことに気がついた。ウエートレスに言うと、しばらく奥に行って戻ってきた。

『伝票は気にしなくていいわよ』と言ってくれた。そう言われても、子どもたちにはまだ心配なことがあった。『差額はあなたが払わされるのですか?』『大丈夫よ』こぼれるような笑顔になった。『あなたたちのことを話したら、伝票は店長が受け取って、みんなにこう伝えてって言われたの。みなさん、当店へようこそいらっしゃいました。お食事は楽しんでいただけたでしょうか。この町にこられたことをとても嬉しく思っています。米国滞在を楽しんでください』……彼女が話し終えた後、しばらく誰も口を開かなかった」

そう、ブラジル大使もそのほかの官僚もパウエル将軍も、唖然としてしまったわけです。

どんなに偉い人の話よりも、優れた技術よりも、ほんのちょっとした情が人の心を動かすことがあります。この女の子にとって最も印象深いアメリカは、有力者たちの話ではなく、シカゴのレストランの店長の「情」でした。

2 人を動かすとはどういうことか?

パウエル将軍はたくさんの役に立つ話をしていますが、情のあるリーダーの素養の第一は「信頼」ですから、まずは信頼ということを学び取りましょう。

「部下を信じる。部下は、リーダーを信頼するがゆえについてくるのだ。だから、リーダーは、常にチームに信頼関係を築くことを念頭に動かなければならない。リーダー同士の信頼、部下同士の信頼、そしてリーダーと部下の間の信頼を築かなければならない。そして、そのような信頼は、他人を信頼する無私のリーダーからしか生まれない」

誰もがカリスマ的なリーダーになれるものではありません。しかし、「知・情・意」を高いレベルに鍛えた、情のあるリーダーなら、誰にでもなれます。まずは信頼を築くことです。

部下も人間です。その主観的フィルターを通して語られる話は、どうしても偏りがあります。妬みも嫉みもあることでしょう。苦手で嫌いな部下もいるかもしれません。

それでも、マネジャーならチーム全体でパフォーマンスをあげるという目的に向かってチームを一丸とさせねばなりません。そのためには「このマネジャーは信頼できる」と思ってもらわなければ始まりません。自分の利益のために部下を駒のように動かすリーダーには誰もついていかない時代です。部下を信じ、部下を育て、チーム一丸となってのパフォーマンスをあげるリーダーは、情のあるリーダーでないと務まらないのです。

ゼミナール

コーチング・スタイル

人は、強みも、能力も、意欲も、異なる生き物です。

最近はコーチングという言葉がよく聞かれますが、相手の能力と意欲をよく見極めなければ、一人ひとりにカスタマイズされたコーチングはできません。能力と意欲という二軸で切り分けて大きく四つの象限でコーチング・スタイルを考えてみましょう。

図の四象限では、

「能力」は、相手の知識や経験や訓練の度合いなどを考慮します。

「意欲」は、相手の自信、取り組み姿勢、優先順位が高いかどうかを判断します。

第6回でお話しした「守破離」がここでも役に立ちます。

(d)「能力は高くないが、意欲は高い人」のうち、「守」の姿勢の強い人、素直に従って自分を伸ばそうという人には、適切なトレーニングと二度同じ間違いをしないように敗因分析を行うことを教えましょう。一気に伸びる可能性があります。ただ、意欲が高い分、

コーチング・スタイル

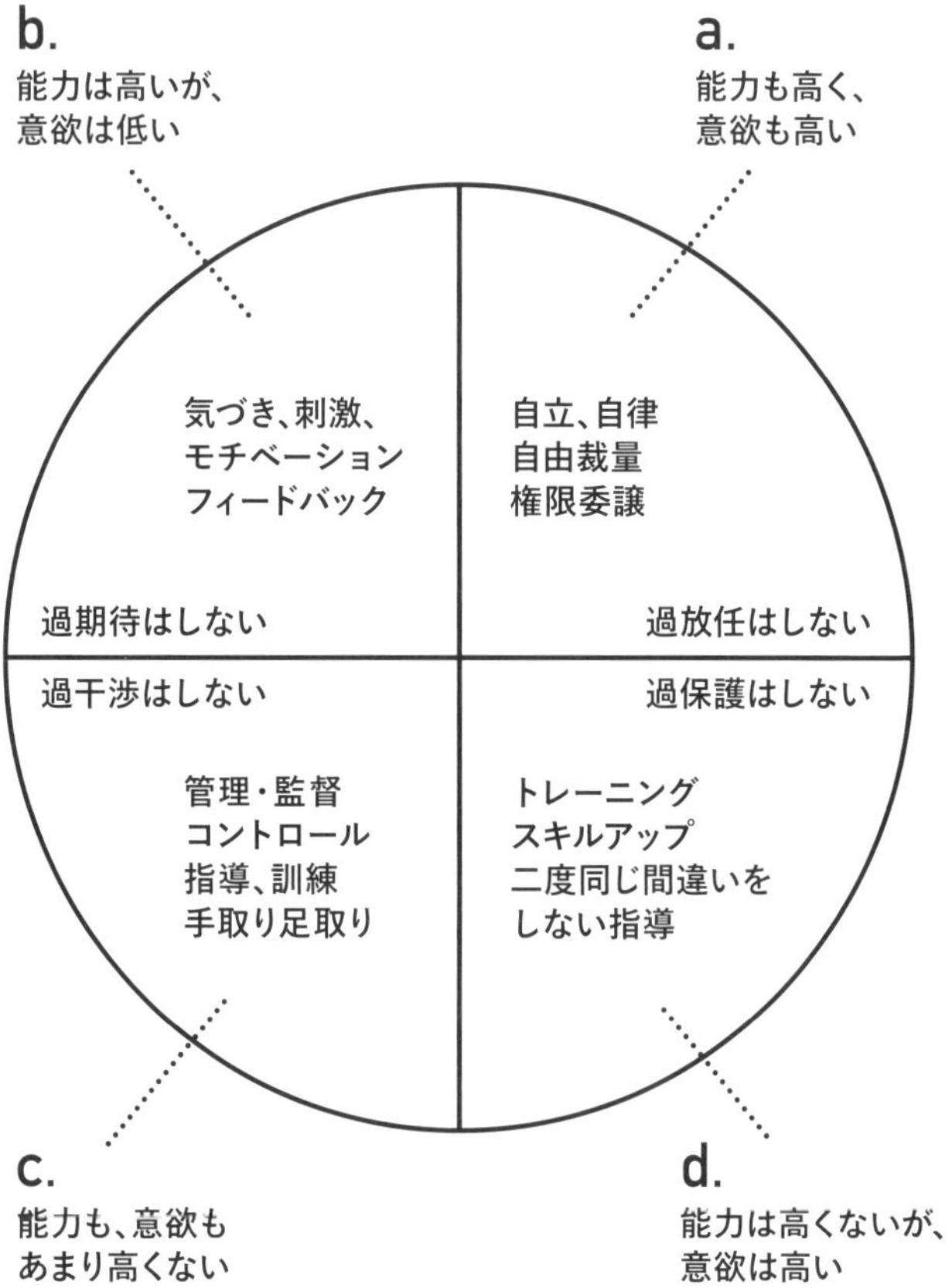
b.
能力は高いが、
意欲は低い
a.
能力も高く、
意欲も高い
気づき、刺激、
モチベーション
フィードバック
自立、自律
自由裁量
権限委譲
過期待はしない
過放任はしない
過干渉はしない
過保護はしない
管理・監督
コントロール
指導、訓練
手取り足取り
トレーニング
スキルアップ
二度同じ間違いを
しない指導
c.
能力も、意欲も
あまり高くない
d.
能力は高くないが、
意欲は高い

嫉妬心が強く出やすいので、小さい責任を達成させて本物の自信をつけてあげるようにすると、嫉妬心をコントロールできるようになるでしょう。

（b）「能力は高いが、意欲は低い人」には、下手に褒められすぎていて、チャレンジすることや失敗することに異常に臆病になっている人がいるかもしれません。先述したように、褒め方を変えることと、もっと上にいる人がいることに気づかせ「あなたにもできる」と未来を描くお手伝いをするとよいかもしれません。鼻が天狗になっている人には、小さな責任を与えて自分の力でやらせてみせ、失敗した際に助言をするほうが素直に耳を傾ける可能性があります。

（c）「能力も意欲もあまり高くない人」には、マニュアルや取扱説明書などを与え、目標までのマイルストーンをいくつか明示して、小さなステップでもいいから上り続けることを祝いましょう。小さな達成感が積もり積もって自分の自信をつくりあげるのです。

『響き合うリーダーシップ』マックス・デプリー

フォーチュン誌の「米国で最も称賛される企業」に、二三年間のうち二一回も選ばれた家具製造企業ハーマンミラー社。社員がオーナーのように行動する会社で、マネジャーだけではなく工場で働く人たち一人ひとりが生産性と品質をあげるマネジメント的問題解決に取り組んでいることで有名です。National Business Hall of Fameの殿堂入りを果たした元CEOのマックス・デプリーが「優れたリーダーシップのしるしは、部下のなかに現れる」と言いましたが、まさに最も効率的な方法で最良の製品を作り出そうと懸命に働いている工場で働く社員一人ひとりに、デプリー氏のリーダーシップの成果がうかがえます。

「情のあるリーダーシップ」や「強みを活かしたリーダーシップ」の優れた実例と知恵が詰まった一冊です。少し紹介してみましょう。

デプリーは、リーダーには次の三要素が必要と唱えます。

❶インテグリティ（誠実さ）。文明社会における強い自制心
❷関係を築き育む手腕。人間関係はなによりも「こころ」の問題
❸コミュニティの構築

コミュニティにいれば、意味のある目標を設定し、個人として成長し、成功し、潜在能力を発揮できる。コミュニティにいればこそ、持ちつ持たれつの生活を支えてくれる相手に敬意や感謝を捧げ、互いに許し合うことができるし、他人に奉仕し、他人と知り合うことができる。真のリーダーは、集団を率いて、目指すべきコミュニティを設計することを自分の仕事の一つとして考えよう、と言います。そのほかにも至言がたくさんあります。

「リーダーシップは、アート（技術）である」（『愛するということ』もアートでした）

「リーダーシップで大切なのは、優秀な頭脳ではなく、全身のたたずまいだ」（後述の、文質彬彬と同じ趣旨です）

「優れたリーダーシップのしるしは、まず部下に現れる。

部下は潜在能力をフルに発揮しているか。学んでいるか。人に奉仕しているか。求められた成果を出しているか。品位を保って変化しているか。争いにうまく対処しているか」

「すべての中心は『人』だ。人がいなければ、リーダーも必要ない」

「リーダーは、組織の価値観をはっきりと示す義務がある」

「リーダーは、また未来のリーダーシップについても責任を負う」

「リーダーは、組織内に『こころの関係』をつくる」

「リーダーは、成熟した人物でなければならない」

「リーダーは、筋道を通す」

「リーダーは、従業員に才能が自由に発揮できる『場』をあたえる。

「リーダーは、組織に推進力を与え、それを維持する」

「リーダーは、「効果」に責任を持つ。（ドラッカーの言うEffectiveness）」

「リーダーは、礼節と価値観を育み、それらを表現し守る」

そして、何よりも、

「自分をリーダーと認めてくれる人々の生活に、大きな違いをもたらすチャンスに恵まれたかけがえのない存在」

それがリーダーなのです。

第13回　課題図書

『星の王子さま』

アントワーヌ・ド・サン＝テグジュペリ

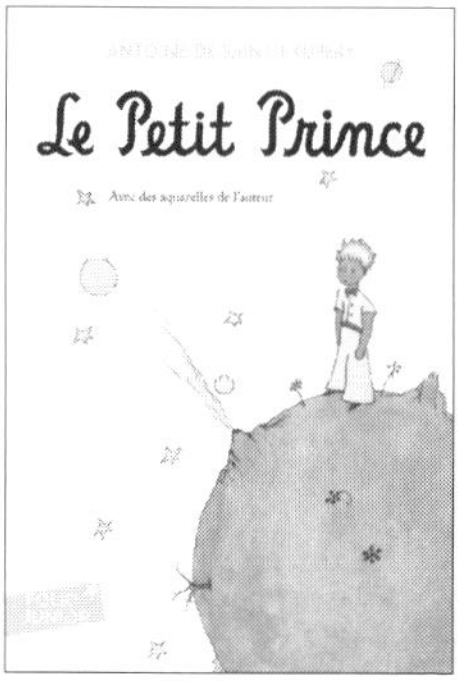

概要

砂漠に不時着した飛行士の前に、突然不思議な「星の王子さま」が現れます。王子さまの無邪気な問いかけや言葉は、大人であるわたしたちにこそ深く突き刺さります。孤立していて自分のことしか頭になかった主人公が、孤高の王子さまに触れて心境の変化が起きていく様子など読みどころが満載の本です。責任を背負った大人同士で、一行一行を味わいながら読みたい本です。

著者のアントワーヌ・ド・サン＝テグジュペリは、兵役で航空隊に属し、除隊後は民間航空業界に入り、多くの飛行体験に基づく作品を発表しています。『夜間飛行』や『人間の大地（人間の土地）』も有名です。

中でも、『人間の大地（人間の土地）』は、心を揺さぶる言葉が多いので、時間のあるときにぜひ読んでみてください。「愛するとは、見つめ合うことではなくて、一緒に同じ方向を見つめること」という表現は、フロムの『愛するということ』にも通じます。

自分のことしか頭になかった生き方をしていた主人公を動かしたのは、王子さまの情でした。王子さまがひつじやバラに寄せる情を聞きながら、自分の心の奥に眠っていた情が目を覚ましていきます。このように、リーダーが見せる行動ににじみでた情が、フォロワーの心に響くときがきっとあるはずです。

考えてみよう

▼王子さまが「その水が飲みたいんだよ」と言いました。「その水」とは何を指しているのか、考えてみましょう

▼情のあるリーダーが部下を育成するときに気をつけたいことは何でしょうか

ヒント

1 ただの水と「その水」との違い

王子さまは「水が飲みたいんだよ」と言ったわけではありません。「その水が飲みたいんだよ」と言いました。「その水」とは何を表しているのでしょうか。

「ぼくは王子に無理をさせたくなかった。

『まかせてくれよ、きみには重すぎるだろ』

ぼくはつるべを井戸のふちまでゆっくり引き上げた。そしてそこにしっかりと置いた。耳の中では滑車の歌がなおもひびいていた。水面がまだ揺れていて、太陽が揺らいでいた。

『ぼく、その水が飲みたいんだよ』と王子さまがいった。『さあ、飲ませて……』

王子がなにをさがしていたのか、これでぼくにも納得がいった！」

このセリフは、とても感銘を受けます。王子さまは、ただ水が飲みたかったのではないのですね。「その」水。自分のことしか考えていなかった主人公が、王子さまのために必死で探した水。やさしさを知らなかった人が初めて向けたやさしさという贈り物。王子さまが求めていたのはこれだったのです。

2 目に見えないものをどうやって見る？

キツネの言葉が示唆に富んでいます。

「心で見なくちゃ、ものはよく見えない。大切なものは、目には見えないんだよ」

「時間をかけて世話をしたからこそ、きみのバラは特別なバラになったんだ」

「人間はこんな大事なことを忘れてしまったんだよ。でも、きみはわすれちゃだめだよ。自分がなつかせた相手に対しては、きみはいつまでも責任がある。きみはきみのバラに責任があるんだよ」

リーダーは、部下を育成指導します。部下の個性や強みを見抜いて、もっと成長できるよう適所につけ、仕事で成果をあげさせてさらに伸ばそうとします。一回フィードバックしたらそれで関係は終わりなのではありません。いったん関わった以上は、部下への責任があります。情のあるリーダーにとっては、部下一人ひとりが、マネジャーにとって特別なバラなのです。

ゼミナール

世界の文学プレゼンテーション

本書では情のあるリーダーの素養として「人間を知る」「自分を知る」「他人を知る」ために読んで考えられる本を課題図書として紹介していますが、よい本、よい小説は、「心で味わう」ことも大切です。

梅檀ゼミでは、自分が好きな本を売り込むセールスマンになったつもりで、三分間のプレゼンをします。プレゼンを聞いて聴衆がその本を読みたいと感じたら、あなたの勝ちです。ビジネスの世界では、現場での経験こそが人を育てることはわかっています。でも人間の一生はあまりに短くて、一人の人がたくさんの経験を積むことはなかなかできません。本の世界は、本物の現場ではありませんが、経験不足を補ってくれます。小説を読むときは、自分が主人公になったつもりで、別世界を生きてみましょう。自分では決してとらない選択肢を本の中の主人公とともに味わってみるひととき。本を読んで思わず泣いたり笑ったりした経験が、情を豊かに耕してくれます。

よい本は、できれば購入して手元に残しておきましょう。時がたつと絶版になるおそれがあるからです。

ここで紹介した課題本は、学生のうちに読んでもあまりピンと来ないかもしれませんが、一〇年後、二〇年後に、マネジャーになり、リーダーとしてチャレンジする際に役に立つはずです。

自分が知らないものは見えないものです。自分が読んだことのない本は存在していないに等しいわけです。逆に記憶の片隅に残っていれば、必要になったときに読み返すことができます。

たくさんよい本を読むことで、人と深くつながることができます。

参考図書

山崎豊子さんの作品から

山崎豊子さんの著作にも、ビジネスの世界で活躍する人が多く描かれています。山崎さんは綿密な取材をすることで知られています。企業の不条理さや人生の残酷さなどもリアルに描いています。山崎さんの本を読むと、心の免疫力が強くなる気がします。

『不毛地帯』

日本を経済大国に成長させた原動力とも言える総合商社。そこで活躍する主人公は大本営陸軍部の作戦参謀であったため、戦後一一年間に及ぶ過酷なシベリア抑留生活を強いられます。なんとか生きのびて帰国した後、いくつかの職を経て商社マンとなります。軍人生活しか体験がなかった主人公が、石油ビジネスという新たな〝戦場〟で生存競争の渦中に巻き込まれ戦い抜いていく姿が描かれています。シベリアも国際商戦も政治も、彼の眼から見れば良心を失いつつある精神的不毛地帯だったのです。それでも生き抜いていく「意」の強さを学ぶことができます。ビジネスの世界で仕事をする人にはとくに読んでほしい本です。

『沈まぬ太陽』

主人公は、組織というものの不条理を徹底的に味わい、施設も不十分なナイロビで一一年間も流刑のような人生を味わうところからスタートします。この硬直的な会社が起こした御巣鷹山の航空機事故が詳述されます。五二〇名もの被害者の声なき声や、電卓で生命の代価をはじきだされる補償交渉など、ニュースでは決して表されない事実が浮き彫りになっていきます。その後、主人公は会社再建のために外部から請われた会長付きとなります。主人公は曲がったことが嫌いで正義漢なのですが、ことごとく組織の思惑と対立します。主人公と同期のエースは、対照的に組織の階段を登りつめ人事担当取締役になっていました。その同期は「君が日本にいると、騒動の種になる」と言い、主人公を再びナイロビ赴任とします。組織は不条理なものだとは言いますが、この主人公が味わったほどの不条理はそうそうないのではないでしょうか。

第14回　課題図書

『木を植えた人』

ジャン・ジオノ

概要

主人公は、四〇年ほど前に、プロヴァンス地方にある、旅行者にはまったく知られていないアルプス山脈の奥地を旅しました。高度一二〇〇〜一三〇〇メートルのこの高地は、どこまで行っても無人の地でした。何日も歩いて見捨てられた村の残骸を見つけます。太陽がさんさんと照る六月の美しい日なのに、この高地では木一本なく、はげしい風がふきまくり、骨組みの残った古屋の残骸がごうごうと鳴るだけ。そこから五時間歩いても水は見つからず、どこまでも乾ききって、草が生えているだけの堅い土地でした。淡々とした記述が、目の前にわびしく寂れたアルプスの奥地の風景を浮かび上がらせます。

やっと遠くに一人の羊飼いの男を見つけました。彼の名は、エルゼアール・ブフィエ。妻も一人息子も逝ってしまった五五歳。わびしく寂れた奥地に、エルゼアールは一人で住んでいました。住まいはがっしり安定していて、家の中はきれいに整頓され清潔でした。彼はどんぐりを手間ひまかけてよい実だけを選んでは、丁寧に植えていました。人住まぬこの地に暮らして三年の間に一〇万個のどんぐりを植えました。そのうち一万本の樫の木がひょろっと育っていました。

第一次大戦が始まり、破壊され尽くした景色の中から五年後に、主人公は再びこの奥地に足を運びます。エルゼアールは、相変わらず一人でどんぐりを植え続けていました。樫の木は樹齢一〇年を越え、一一キロメートルにもわたる立派な森ができていました。「このすべてが特別の技術を持たないこの人の手と魂から生まれたものであることを考えると、人間は破壊するばかりの存在というわけでもなく、神に似た働きもできるのだ」

時はゆっくりと過ぎ、森ができて水がわき、草原が広がり花畑もできていきました。いつの間にか、昔の廃墟の跡に新しい村ができ、村には希望が生まれています。大麦とライ麦がすくすくとはえて、青々とした草地がそここに広がっていたのです。

たった一人で希望の実を植え続け、荒れ地から森を蘇らせた孤高の人の話です。梅檀ゼミをやり続けようと思ったきっかけとなった本です。たった一人でできることは大海の一滴ですが、それでも続けていけば、何か価値のあるものを生み出せるのではないか。それが価値あるものならば、後を引き継いでくれる人が現れ、樹形図が広がるように後世に伝わり、後進の役に立つのではないかと思いました。

大海の一滴でも、やらないよりは、やり続けよう！と思わせてくれた貴重な本でした。

考えてみよう

▼エルゼアールのように一つのことをやり続けたことがありますか？

▼エルゼアールは、「この人といっしょにいると、心が落ち着く」と評されています。情のあるリーダーとして、こう言われる人になるには何に気をつけたらよいでしょうか

ヒント

1 何も始めなければ何も変わらない

わたしにとって、栫檀ゼミを始めるきっかけとなった本です。

まえがきにも書きましたが、ビジネスの現場で、頭がいいだけでは人はついてこない、というケースをたくさん見てきました。人に慕われ、人がついてくるようなリーダーがもっと増えてほしいと思いました。マネジャー研修を学生向けにアレンジして、ゼミをすることはできる。でも、たった一人で、年間たったの数一〇人の学生に伝えても、なんの役に立つのだろう？　そのときに読んだこの本が背中を静かに押してくれました。なるほど、たったの一人でこんなゼミをしたところで、世の中がすぐに変わるものではないかもしれない。でも、何も始めなければ何も変わらない。どんぐりを植え続ければ、いつか大きな森ができて水が流れ、そして人が住み始める場所になる。大海の一滴でも毎年続ければ、尊敬され信頼される情のあるリーダーがもっと増えるのではないか。そう思えたのです。

みなさんにも、このような愚直な想いがあるでしょうか。やり続けていることがありますか。評価もされず報いも少ないかもしれませんが、どんぐりを植え続けてみませんか。

2　一人でいるときの過ごし方

羊飼いの男エルゼアールは、このように主人公に評されています。

「家の中は、きちんとしていた。食器は洗ってあり、床は掃き清められ、銃には油が塗ってあった。炉ではスープが煮えていた。そのとき気がついたのだが、ひげも剃りたてだし、ボタンはどれもしっかり付いているし、着ているものはていねいにつくろってあって、針目のあとも見えないくらいだった。（中略）タバコを吸わない羊飼いは小さな袋を持ってきて、食卓の上にどんぐりをざーっとあけた。それをひとつずつていねいに調べては、よい実とわるい実とを分けていく。私はパイプを吸っていた。手伝いましょうというと、男は、これは自分の仕事だからと答えた。実際、羊飼いが細心の注意をこめてその仕事をしているのを見て、私はあえて手を出さなかった。私達が交わした言葉はそれだけである」

静謐な文章で、エルゼアールの一人暮らしが描かれています。家の中はかなり手が加えられて整頓され清潔です。村人も誰もいない、たった一人の生活がこれです。誰が見ていなくても、自分を律する。まさに「意」の基本です。情のあるリーダーになる人は、誰が見ていなくてもセルフマネジメントを行える人です。

ゼミナール

ものの考え方の傾向

ものを考える、とはどういう行動でしょうか。大きく二つのステップに分類すると、まず何らかの形で情報を集めて、それを判断して結論づける行動となります。

第一ステップ　情報を集める
第二ステップ　結論を導く

では「情報を集める」方法にはどのようなタイプがあるでしょうか？

S　実際に見たり聞いたりしたこと、事例の観察や経験を重視し、一つずつ順を追いながら情報を集めるタイプ（Sense）

N　ものごとの背景にあるパターンや意味をとらえ、可能性、イメージ、ひらめき、理論を重視しながら情報を集めるタイプ（Intuition）

ものの考え方の傾向

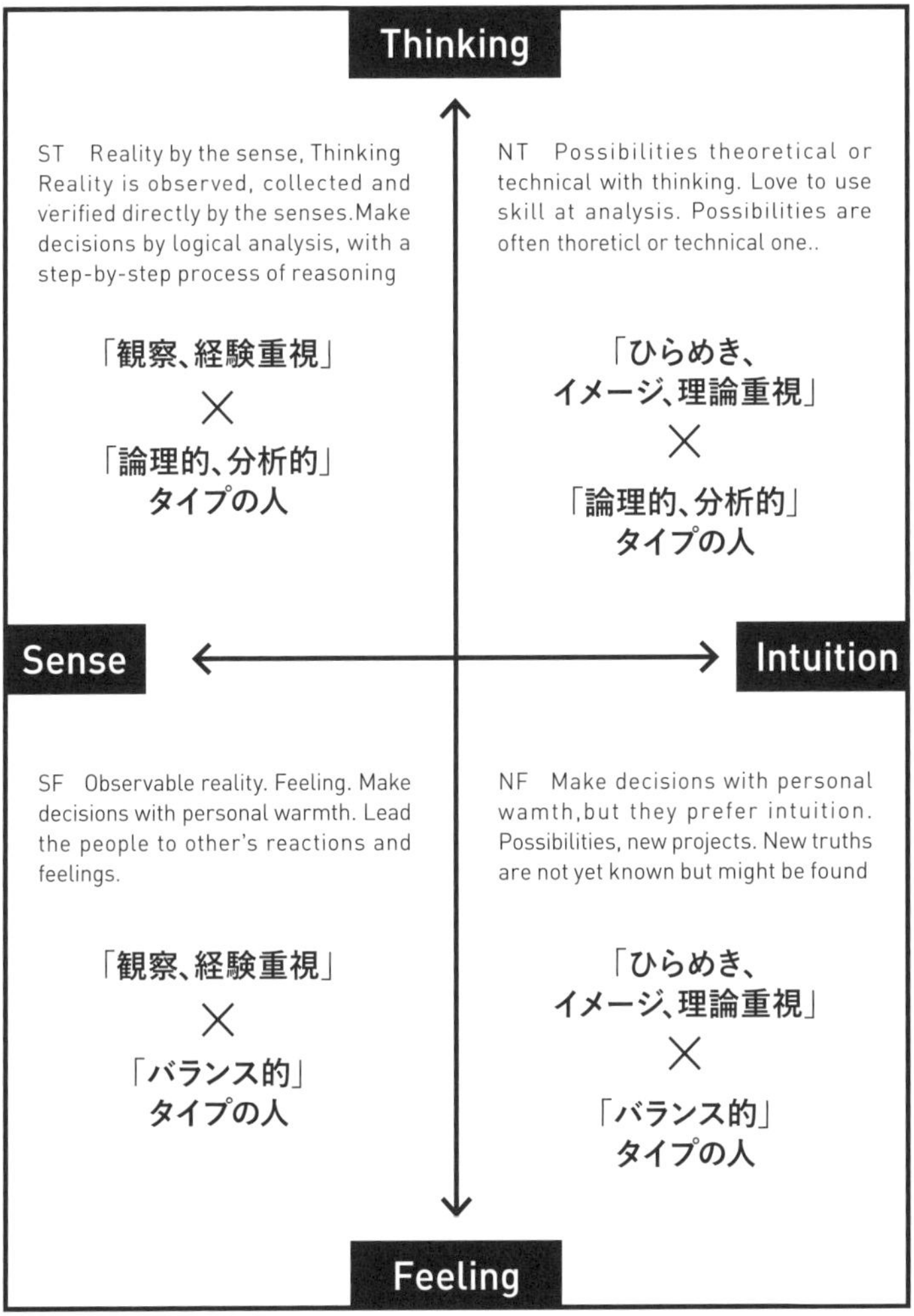
Thinking
ST　Reality by the sense, Thinking Reality is observed, collected and verified directly by the senses.Make decisions by logical analysis, with a step-by-step process of reasoning
「観察、経験重視」
×
「論理的、分析的」
タイプの人
NT　Possibilities theoretical or technical with thinking. Love to use skill at analysis. Possibilities are often thoreticl or technical one..
「ひらめき、
イメージ、理論重視」
×
「論理的、分析的」
タイプの人
Sense
Intuition
SF　Observable reality. Feeling. Make decisions with personal warmth. Lead the people to other's reactions and feelings.
「観察、経験重視」
×
「バランス的」
タイプの人
NF　Make decisions with personal wamth,but they prefer intuition. Possibilities, new projects. New truths are not yet known but might be found
「ひらめき、
イメージ、理論重視」
×
「バランス的」
タイプの人
Feeling

また、「結論を導く」方法にはどのようなタイプがあるでしょうか？

T 論理的な分析に基づいて結論を導きやすいタイプ（Thinking）

F 個人の価値観や調和やバランスを前提に結論を考えたいタイプ（Feeling）

前ページの図「ものの考え方の傾向マトリックス」を見てください。タイプの組み合わせは四つに大別されます。

ST「観察、経験重視」×「論理的、分析的」タイプの人

NT「ひらめき、イメージ、理論重視」×「論理的、分析的」タイプの人

SF「観察、経験重視」×「バランス的」タイプの人

NF「ひらめき、イメージ、理論重視」×「バランス的」タイプの人

情報の集め方と結論の導き方は、ひとそれぞれのくせ、好み、傾向と言えます。自分とはものの考え方が違う人がいて驚いたりします。親子であっても、ものの考え方が同じで

あるとは限りません。利き手で字を書けば早くて自然なように、ものの考え方にはその人の無意識の傾向があります。どちらもあるけれどその分量がどちらかに偏っているもの。ものの考え方の傾向は、どれが良い悪いというものではありません。

ものの考え方ひとつを取り上げてみても、人間にはさまざまなタイプがあるのだと認識できるのは大切なことです。自分とは違う考え方をする人がいた場合、自分とは別のタイプの考え方をする人なのだと理解しましょう。

この偏りの組み合わせが、その人の考え方の傾向であり、行動のベースとなります。

コラム

文質彬彬

「好きな言葉は？」と聞かれるとこう答えます「文質彬彬」。

論語雍也にある言葉で「ぶんしつひんぴん」と読みます。

子曰、質勝文則野、文勝質則史、文質彬彬、然後君子

（子曰く、質、文に勝てば則ち野。文、質に勝てば則ち史。文質彬彬として然る後に君子なり）

「文」は、人にとっての外観を指し、

「質」は、人にとっての内面を言います。

「彬彬」は、違うものがほどよく混じり合って調和がとれているということです。

外面も内面もほどよく調和がとれている人が、立派な大人という意味になります。

情のあるリーダーを目指す人は「知・情・意」それぞれを高いレベルでバランスをとりましょう。高度な知識労働の時代ですから「知」の必要なレベルはますます高まっています。加えてチーム・マネジメントが必要な時代ですから、「知」のみならず「情」も「意」も鍛えた人の違いが際立つでしょう。おのずと人が慕ってついてきて、気がついたらリーダーになっていることでしょう。

あとがき

本と対話しながら読んで考えるという贅沢な時間、楽しんでいただけましたか。読書を通じて「情」というものが腑に落ちてきたでしょうか。「情」は決してやさしいだけのものではありません。むしろ「情のあるリーダー」は、自分自身の「意」をさらなる高みまで鍛え、人間への理解が深まっている人ですから、強くて厳しい面も備えている人です。

「知・情・意」を高いレベルでバランスをとろうと実践し続けることは、簡単な道のりではありません。簡単ではないからこそ、現実の世界にあまり見かけないのかもしれません。本書では課題本は一四冊しか取り上げていませんが、情とは何か、人間とは何かを考えるためのよい本はいくらでもあります。本を読んで考えるというステップをぜひこれからも続けてください。

情のあるリーダーはこれからもっと必要とされる！

企業では社員満足度調査が頻繁に行われています。社員満足度は高くても、会社や仕事を大切にする社員が少ない企業をよく見かけます。

実は、Satisfaction（満足している状態）と Engagement（やる気に溢れている状態）とは大きく異なるのです。Engagementという言葉にぴったり当てはまる日本語訳がないのですが、「わたしを見て」「わたしのことを知って」「わたしの話を聴いて」「私にチャレンジさせて」「私を成長させて」という人間としての当たり前な欲求を満たされたときに感じる前向きな気持ち、と言ってもいいかもしれません。

Satisfactionよりも Engagementを高めるような経営をしている企業は元気です。アメリカのギャラップ社の調査データによると、世界中で八七％の社員がエンゲージしていないと言われます。エンゲージしていない社員がいる職場では、生産性が低下する、新規顧客を開拓できない、ストレスが増加して怪我や病気にかかり医療費が増大するなどのマイナスの影響が出ると言われます。

エンゲージメントのもとになるのが「情」です。均質性が高くて男性社会であった日本企業にも、戦力として女性や異文化の人々も加わってきました。今までのようなやり方ではチーム・パフォーマンスが上がらないでしょう。これからのマネジャーは、部下一人ひとりに寄り添い、それぞれの強みや能力を見極め、パフォーマンスを正しく評価する力量が問われます。これからの強い組織には「情のあるリーダー」が必要なのです。

あなたもリーダーに

リーダーと言っても、会社のＣＥＯやマネジャーばかりではありません。家庭でも、地域コミュニティでも、サークルでも、人が集まっているところには、必ず誰かリードする人が必要となります。優れたリーダーは、よりよい未来に向けてフォロワーを一致団結させることができます。リードする人ですから、あの方向に進めば必ず陸地があるという知識や海図や風の動きを知るなどの「知」に基づいたビジョンも必要でしょう。でもそれだけでは人はついていきません。先のギャラップ社が行った無作為で一万人以上の大規模調査で、フォロワーがリーダーに求めることを調べたものがあります。その上位四つは、「信頼」「思いやり」「安定」「希望」でした。まさに「知」だけでは人はついてこないのです。高い「知」に見合った、高い「情」と「意」があってこその信頼です。みなさんも、ぜひ情のあるリーダーになってください。

運命の女神様は、前髪しかない

いまは若いみなさんでも、いずれマネジャーやリーダーの役割を果たす年齢となります。

その年齢になるずっと前から「知・情・意」のすべてを磨いておきましょう。

運命の女神様には、前髪しかないと言われます。後ろ髪がないから過ぎ去った後につかもうとしても遅いのです。チャンスが来たけれどいまの自分はまだ準備不足だからどうしようかなと迷っていてはいけません。早くから準備をしておいて、チャンスが来たときに、さっと前髪をつかむことができますように！

わたしは、外資系の経営や人事のコンサルタントとしてキャリアを積みました。クライアント企業のトップが好きな本をわたしも読んでいたことがきっかけで親しくさせていただいた経験もあります。働く女性が少ない時代でしたので、年若い女性と共通の本を土台に議論ができたことを喜んだ役員もいました。大学生の就職活動において、役員面接のときに本の話題がよく出ると聞きます。役員と新入社員の年齢差を考えると、共通するのは世界の文学など、昔から読み継がれてきた本しかないでしょう。一方でわたしは息子たちから教えてもらった最新の本を読んでいたので、最近の大学生たちと共通の話題が持てて助かりました。

最先端の科学、歴史、哲学、文学、芸術などリベラル・アーツの大切さは、大学生のうちはわからないのですが、社会人になって人間というものを理解しないといけない立場にたってから思い知らされます。そのときになってからでは遅いのです。若いうちから、人間というものに興味を持って、リベラル・アーツを活用して自分の人間力を鍛えておくことをおすすめします。

栴檀は双葉より芳し

この本は、栴檀ゼミの講義録をもとにして生まれました。栴檀ゼミは、東京大学教養学部学生自治会が主催する自主ゼミです。駒場の学生が、社会人である卒業生に講師になってもらいたいと要請することから始まります。審査があり、認定されると教室が割り振られます。現在一一期で、ゼミ卒業生は一八〇名ほど。卒業生たちは、さまざまな社会で活躍をしており、まさに若いリーダー世代となってきています。

「栴檀は双葉より芳し」という諺から『栴檀ゼミ』と名づけました。将来、歳をとったリーダーが振り返ったときに、自分は若い双葉の頃から先輩や後輩と切磋琢磨し続けてきたなあと誇れるように。「すべからく後輩は先輩を追い越すべし」がゼミのモットーの一つです。先輩を超える人間にならないと人類全体の発展はないのだから、後輩は先輩を追い越せ、先輩は追い越されないようにもっとがんばれとハッパをかけてきました。卒業後も随時、先輩と後輩とで勉強会や読書会を行っていて頼もしい限りです。

ゼミは大学生を対象にしていたので、この本は若い読者を想定して書きましたが、学ぶことに年齢制限はありません。「情」と「意」は年齢を重ねたら自然に身につくものではないので、気づいて意識して磨こうと思った瞬間からスタートです。

よい本を読んで語り合う時間をもっと捻出しましょう。切磋琢磨する先輩と後輩のコミュニティをつくってはいかがでしょうか。そういうつながりが自分の居場所になります。年代差があっても、文化の違いがあっても、同じ本を読んで語り合い受け止め方の違いを認識することはできます。一人で学び続ける環境がない人のために、江戸時代の私塾のような「梅檀塾」でも開いてみたいものです。人生一〇〇年の時代です。生涯学び続ける〝梅檀コミュニティ〟があちこちに生まれ、そこから「情のあるリーダー」がもっともっと輩出される日本になったら素敵です。

最後までお読みくださり、ありがとうございました！

引用原典

第1回　『藪の中』芥川龍之介（講談社文庫）
『イノベーションの達人!』トム・ケリー、ジョナサン・リットマン
（鈴木主税訳、早川書房、2006年）
『二番目の悪者』林 大林／庄野ナホコ（小さい書房、2014年）

第2回　『夜と霧〈新版〉』ヴィクトール・E・フランクル
（池田香代子訳、みすず書房、2002年）

第3回　『愛するということ〈新訳版〉』エーリッヒ・フロム
（鈴木晶訳、紀伊國屋書店、1991年）
『大人の友情』河合隼雄（朝日文庫）

第4回　『プロフェッショナルの条件』ピーター・F・ドラッカー
（上田惇生訳、ダイヤモンド社、2000年）
『モモ』ミヒャエル・エンデ（大島かおり訳、岩波少年文庫）
『クリスマス・キャロル』チャールズ・ディケンズ（池央耿訳、光文社古典新訳文庫）
『火車』宮部みゆき（新潮文庫）

第5回　『人間の建設』岡潔・小林秀雄（新潮文庫）
『李陵・山月記』中島敦（ハルキ文庫）

第6回　『木のいのち木のこころ』西岡常一（新潮文庫）
『木に学べ』西岡常一（小学館文庫）

第7回　『人生の王道~西郷南洲の教えに学ぶ』稲盛和夫（日経BP社、2007年）
『最前線のリーダーシップ』ロナルド・A・ハイフェッツ／
マーティ・リンスキー／アレクサンダー・グラショウ
（水上雅人訳、ファーストプレス）

第8回　『名画を見る眼』高階秀爾（岩波新書、1969年）
『自分を生きてみる』千宗室（中央公論新社、2008年）
『氣の呼吸法』藤平光一（幻冬舎文庫）
『動じない』王貞治／広岡達朗／藤平信一（幻冬舎、2012年）

第9回　『オセロー』ウイリアム・シェイクスピア（小田島雄志訳、白水Uブックス）
『シェイクスピア物語』（小田島雄志訳、岩波ジュニア新書）

第10回　『アルケミスト』パウロ・コエーリョ（山川紘矢／山川亜希子訳、角川文庫）

第11回　『粗にして野だが卑ではない』城山三郎（新潮文庫）
『雄気堂々』城山三郎（上・下巻、文春文庫）
『男子の本懐』城山三郎（新潮文庫）
『落日燃ゆ』城山三郎（新潮文庫）

第12回　『リーダーを目指す人の心得〈文庫版〉』コリン・パウエル／トニー・コルツ
（井口耕二訳、飛鳥新社）
『響き合うリーダシップ』マックス・デプリー
（依田卓巳訳、海と月社、2007年）

第13回　『ちいさな王子』サン=テグジュペリ（野崎歓訳、光文社古典新訳文庫）
『不毛地帯』山崎豊子（新潮文庫、全4巻）
『沈まぬ太陽』山崎豊子（新潮文庫、全5巻）

第14回　『木を植えた人』ジャン・ジオノ（原みち子訳、こぐま社、1989年）

著者紹介

大岸良恵 Yoshie Ohgishi

人事コンサルタント、ギャラップ社認定コースリーダー、認定ストレングスコーチ。東京大学法学部卒業後、ベイン・アンド・カンパニー、W.M.マーサーを経て現職。2007年から、東京大学にて梅檀ゼミ講師を兼任。東大駒場友の会監事。東京都出身。

〈東京大学の名物ゼミ〉

**人の気持ちがわかる
リーダーになるための教室**

2018年4月30日　第1刷発行

著者　大岸良恵
発行者　長坂嘉昭
発行所　株式会社プレジデント社
〒102-8641　東京都千代田区平河町2-16-1
平河町森タワー13階
編集 (03) 3237-3732　販売 (03) 3237-3731
http://www.president.co.jp/
編集　中嶋 愛
制作　関 結香
装丁　草薙伸行 ●Planet Plan Design Works
本文DTP　蛭田典子 ●Planet Plan Design Works
カバーイラスト　田中紗樹
販売　桂木栄一　高橋徹　川井田美景　森田巌
遠藤真知子　末吉秀樹　千葉崇史
印刷・製本　凸版印刷株式会社

 ISBN978-4-8334-2274-1
Printed in Japan